従業員との
トラブル回避のため、
これだけは身につけたい

# 労務のルール・基礎知識

馬場一成 著



セルバ出版

# はじめに

「契約をとれていないのに、休んでいいと思っているのかよ」

従業員に対して、こんなことを言っていませんか。実はこれを言ったのは、ハウスメーカーの営業所長だった頃の私であります。新卒で入行した銀行はまったく肌に合わず3年ともたずに辞めまして、その後の会社員生活はハウスメーカーや住宅不動産会社などで営業をしていました。

住宅業界では毎週水曜日が定休日であることが多く、そこで働く営業マンも水曜日が休日となります。もちろん所長である私にとっても休日ですから、火曜日になりますと翌日の休みが待ち遠しくなり、営業所全体の落ち着きがなくなってきます。

ところが、今月の成績がまったく見えていない営業マンが、さも当然のように、「明日の休みが楽しみですね」などと緊張感なく同僚と雑談しているのが聞こえてきたりしますと、営業所の数字に責任を負っている立場としては無性に腹が立ってくるわけでして……。もちろん、従業員にとって休日に休むのは当然の権利であり、私も頭ではそのことを理解しているのですが、感情がそれを許しません。

今はどうかわかりませんが、私が在籍していた頃の住宅業界では、数字が悪いのは行動量の不足が原因と考えられていましたので、数字を上げるための改善策は、飛び込み訪問でもチラシ配りでもとにかく行動量を増やすことの一点であり、要するに「休んでいる場合ではないだろ?」というわけなのです。そんな根性論が支配する業界の体質が骨の髄まで染み込んでいた頃の私ですから、冒頭のセリフが口をついて出てくるのです。

さて、このエピソードには、どのような問題があるでしょうか。1つひとつ挙げてみます。

①休日に出勤するよう命じることができるのか

②休日に出勤するよう命じられたとき、従業員は断ることができるのか

③所定休日ではなく年次有給休暇だった場合はどうなるのか

休日出勤の業務命令の可否については、36協定の締結と就業規則等の定めにより、業務上の必要があるならば、会社は休日出勤を命じることができ、従業員は正当な理由がなければ拒否することができません。この場合の「正当な理由」は「業務上の必要」との比較になりますが、育児や家族介護などの理由による休日出勤拒否であれば「業務上の必要」を上回ることになり、会社はその事情に配慮しなければなりません。

もっとも、冒頭のケースでは、「営業成績が悪い」という理由が「業務上の必要」に該当するといえるかどうかの問題であり、たしかに営業マンである以上は成績を上げることが業務なのですが、そもそも実態としては、単なる嫌がらせであることも想像でき、そうであれば業務命令を行う権限を濫用したといえることから、休日出勤命令は無効となります。

一方、③の有給休暇で休む場合だったらどうかといいますと、これは読者の皆様はご存知の方も多いと思いますが、「事業の正常な運営を妨げる」場合でなければ出勤させることはできません。

そしてこれは「時季変更権」の行使ですから、もし、その日に出勤させることができたとしても別の日に休ませなければなりませんので、営業成績をあげるための稼働日数としては、プラスマイナスゼロとなり意味がないことになります。

2019年4月から始まった働き方改革の影響もあり、多くの人が労働関係のルールに関心と知識を持つようになりました。従業員もまた同じです。

そのような中で、経営者や人事労務担当者は正確な知識と情報をもって、日々労務管理にあたらなければなりません。また、管理職の皆様は、直接部署のメンバーに業務命令を出す立場であり、マネージャーとして正しい労務管理を行うことが求められます。間違っても冒頭のようなセリフを口にしてはいけません。

本書では、従業員とのトラブルに発展しそうな労務管理上のさまざまなテーマを取り上げて、各テーマの基本的な内容について解説し、さらにところどころ深く掘り下げることで、経営者や人事労務担当者、管理職の皆様に身に付けていただきたい人事・労務に関するルールを網羅しました。これらはトラブルの回避に着目していますので、労働法の教科書にあるような体系とは異なる視点でテーマを選んでいます。

本書は全7章で構成されており、第1章から順を追って読み進めていただくことが理想的ではありますが、それぞれの内容は独立していますので、読者の関心や必要に合わせて読み進めることもできます。

本書をお読みいただくことで、一定の知識を身に付けることができます。1人でも多くの経営者や人事労務担当者、管理職の皆様が、人事・労務に関するルールの正しい知識と正しい運用で、従業員との良好な関係を築くことを期待します。

2023年1月

馬場　一成

従業員とのトラブル回避のため、これだけは身につけたい労務のルール・基礎知識　目次

はじめに

## 第1章　採用から退職まで

1　労働条件の明示は書面で……14
2　面接で質問してはいけないこと……18
3　試用期間とはどのような期間か……22
4　今日残業を何時間させることができるか知っていますか？……26
5　休憩時間と手待ち時間の違い……29
6　年次有給休暇を年5日取得させる義務がある……32
7　賃金は一方的に変更できない……34
8　管理職には残業代不要という勘違い……37
9　退職届は拒否できない……40
10　定年後も65歳まで継続雇用しなければならない……44

## 第2章　解雇・雇止め

1　働かない従業員を解雇できるか……48
2　解雇してはいけない従業員……50
3　解雇予告手当を支払っても解雇有効ではない……53
4　解雇した者に退職金を支払いたくない……55
5　無念！　やむを得ずリストラする場合……58
6　退職勧奨と解雇は異なる性質のもの……61
7　懲戒解雇とは……62
8　有期雇用労働者の契約更新しないとき……66

## 第3章　ハラスメント

1　職場におけるハラスメントの基礎知識……72
2　パワハラ　新入社員と中堅社員では叱責の程度に違いがあって当然……74
3　セクハラ　もう社内恋愛できないのか……79

4 マタハラ　必要な安全配慮か、それとも過剰な気遣いか……83
5 その他のハラスメント……87
6 ハラスメント防止に向けた社内ルールづくり……89
7 ハラスメント事案が発生したら……92
8 アンケート調査や管理職研修の重要性……97

## 第4章　メンタルヘルス

1 メンタルヘルスを正しく理解する……100
2 私傷病なのか、それとも労災なのか……103
3 私傷病休暇と休職命令……106
4 就業規則に定めておくべきこと……108
5 復職にあたり気を付けたいこと……110
6 診断書に記載された「配慮すること」の呪縛……112
7 リハビリ出勤を制度化する……113
8 職場復帰できない場合は自然退職も……115

## 第5章　福利厚生

1　福利厚生とは何か……118
2　労働保険・社会保険の基礎知識……119
3　さまざまな休暇制度……123
4　慶弔・災害見舞金制度……124
5　その他の福利厚生……126
6　パートさんにも適用していますか？……128
7　仕事と育児・介護との両立支援は社会的要請……130
8　エンゲージメント向上により離職を防ぐ……139

## 第6章　就業規則の不備

1　就業規則と雇用契約と法令の関係……142
2　就業規則の不備から生じる事態……144

3　絶対的必要記載事項と相対的必要記載事項……146
4　就業規則の整備・改定の手続……147
5　不利益変更は慎重に……153
6　パートさんの就業規則を作成していますか？……155
7　残業させるには36協定の締結・届出だけでは足りない……158

## 第7章　その他の人事・労務トラブル

1　人事権の行使　配置転換・昇進降格の限界……164
2　テレワークが不可能な従業員の不満……169
3　副業は通算した労働時間の把握を……174
4　同一労働同一賃金　なにが問題となるか……180
5　無期転換の申込みは拒否できない……183
6　情報漏洩　ＳＮＳ時代の注意点……186
7　退職者が従業員を引き抜いた……189
8　犯罪行為を行った従業員への対応……191

9　安全衛生に関する会社の義務を忘れずに……193
10　人事・労務トラブルを防ぎ良好な関係を……196
おわりに

# 第1章　採用から退職まで

# 1　労働条件の明示は書面で

## 労働条件通知書とは

募集から採用・入社に至るまでの流れは、図表1となります。そして採用が決まりますと、それは労働契約の成立であり、以降さまざまな権利・義務が生じることになります。

会社は労働契約を締結する際、賃金や労働時間などの労働条件を労働者に明示しなければならず、その手段は書面を交付することによらなければなりません。法令上、書面ではなく口頭による明示でもよいとされている明示事項もありますが、書面明示と口頭明示を分けて明示することにメリットはありませんし、労働契約法には「労働契約の内容について、できる限り書面により確認するものとする」（労働契約法4条2項）とあることからも、労働契約の内容を明らかにし労働者の理解を得るために書面交付の方法による明示が必要です。この書面が「労働条件通知書」となります。

ちなみに、労働者が希望する場合には、ファクシミリや電子メール等による送信による交付の方法でもＯＫとしています。

## 絶対的明示事項と相対的明示事項

労働条件通知書により明示する事項には、「絶対的明示事項」と「相対的明示事項」が定められていまして、絶対的明示事項とは必ず明示しなければならない事項であり、相対的明示事項とは会社に定めがある場合に明示しなければならない事項となります。

それぞれの明示事項に該当する労働条件については、図表２のように分類されています。

## パートや契約社員の労働条件を明示

パートタイムや契約社員と労働契約を締結する際に交付する労働条件通知書には、正社員へのものに明示する事項に加え、次の事項を記載しなければなりません。

①昇給の有無
②退職金の有無
③賞与の有無
④雇用管理の改善に関する事項に係る相談窓口等

パートタイムとは短時間労働者のことであり、短時間労働者とは、フルタイムの従業員と比較して１日の所定労働時間が短かったり、あるいは１日の労働時間がフルタイムであっても１週間の所定労働日数が少なかったりする従業員のことをいいます。

また、契約社員とは有期雇用労働者のことです。正社員と同じくフルタイムで就業しますが、１年契約や６か月契約など期間の定めのある従業員のことをいいます。

【図表１　募集から入社までのフロー】

**求人から採用までのフロー**

募集（求人広告・ハローワーク・インターネット）

↓

書類審査（履歴書・レポート）

↓

採用試験　面接

↓

採用内定　労働条件の決定（労働条件通知・労働契約）

↓

入社　勤務開始

作成：ばば社労士事務所

【図表２　労働条件通知　絶対的明示事項・相対的明示事項】

| | | |
|---|---|---|
| 絶対的明示事項 | ① | 労働契約の期間に関する事項 |
| | ①-2 | 期間の定めのある労働契約を更新する場合の基準に関する事項 |
| | ①-3 | 就業の場所および従事すべき業務に関する事項 |
| | ② | 始業・終業の時刻、所定労働時間を超える労働の有無、休憩時間、休日、休暇、労働者を二組以上に分けて就業させる場合における就業時転換に関する事項 |
| | ③ | 賃金の決定、計算・支払いの方法、賃金の締切り・支払いの時期、昇給に関する事項 |
| | ④ | 退職に関する事項（解雇の事由を含みます） |
| 相対的明示事項 | ④-2 | 退職手当を受けられる労働者の範囲、退職手当の決定、計算・支払いの方法、支払いの時期に関する事項 |
| | ⑤ | 臨時に支払われる賃金、賞与、最低賃金などに関する事項 |
| | ⑥ | 労働者の負担となる食費、作業用品に関する事項 |
| | ⑦ | 安全・衛生に関する事項 |
| | ⑧ | 職業訓練に関する事項 |
| | ⑨ | 災害補償・業務外の傷病扶助に関する事項 |
| | ⑩ | 表彰・制裁に関する事項 |
| | ⑪ | 休職に関する事項 |

## 労働条件通知でやってはいけないこと

労働条件の通知にあたりやってはいけないことを挙げます。

①就労開始後に労働条件通知をした
②パートさんや契約社員の契約更新の際に労働条件通知をしなかった
③実際の労働条件と異なる労働条件通知をした

これらはすべてＮＧですので、ルールを守って労働条件を通知しなければなりません。

## 求人広告に掲載した労働条件は守らなければならない？

求人広告などに労働条件を掲載し、それをみた求職者が応募し採用が決まった場合には、求人広告に掲載したとおりの労働条件で必ず採用しなければならないのでしょうか。さまざまな求人広告をみますと、たとえば賃金額など「モデル年収」として実際には経験豊かなスーパー営業マンにしか稼げないような金額が掲載されていたりします。そこまでではないとしても、求職者の目に留まらなければなりませんし、求人内容には多少のイロがついていたりするものです。

この点について、求人広告に賃金額が示され求職者がその額を期待して応募し、その後賃金額についての変更の説明がないまま採用され就労が開始された場合、これは労働者が保護されるべき労働条件といえます。つまりこの場合は、求人広告に記載された賃金額が労働条件となるわけです。

一方で、たとえば経験豊かな即戦力を期待して高めの賃金を求人広告に掲載したところ、応募してきた未経験の若者にキラリと光る何かを感じ採用を決めたが、掲載した金額までは出せないという場合でも、その高額な賃金での労働契約の成立となるのでしょうか。もちろん、そういうわけにはいきませんので、このような場合には、採用を決定する過程において応募者との間であらためて賃金額を決定し、互いに納得したうえで労働契約を締結すればよいのです。

労働契約は使用者と労働者の合意により成立します。ですから、応募者との間で労働条件について十分に話し合ったうえで合意することが大切なのです。

## 2 面接で質問してはいけないこと

### それ質問してはダメ

少しさかのぼって面接について、会社としては応募者のすべてを把握したうえで採用者を決めたいところですが、面接時に質問してはいけないことがあります。

つまり、選考過程で把握してはいけない応募者の情報があり、その情報をもとにして採否の判断をしてはいけないということです。

それらは、「採用選考時に配慮すべき事項」として次のように示され、それぞれに該当するものは図表3となります。ちなみに、面接時の質問に限らず、エントリーシートなどに記入させたり、課題としての作文の題材としたりすることなどもこれらを把握することになるのでNGです。

【図表３　採用選考時に配慮すべき事項】

| ①本人に責任のない事項の把握 |
| --- |
| ・「本籍・出生地」に関すること |
| ・「家族」に関すること（職業・続柄・健康・病歴・地位・学歴・収入・資産など） |
| ・「住宅状況」に関すること（間取り・部屋数・住宅の種類・近隣の施設など） |
| ・「生活環境・家庭環境など」に関すること |

| ②本来自由であるべき事項（思想・信条にかかわること）の把握 |
| --- |
| ・「宗教」に関すること |
| ・「支持政党」に関すること |
| ・「人生観・生活信条」に関すること |
| ・「尊敬する人物」に関すること |
| ・「思想」に関すること |
| ・「労働組合（加入状況や活動歴など）」「学生運動など社会運動」に関すること |
| ・「購読新聞・雑誌・愛読書など」に関すること |

出所:「公正な採用選考をめざして」(厚生労働省)を元に作成

①応募者本人に責任のないこと
②本来自由であるべきこと

もちろん例外はあり、たとえば「本来自由であるべきこと」には、「宗教に関すること」が挙げられ、憲法で保障された信教の自由が具体化されているわけですが、特定の宗教関係の普及を目的とする事業を行っているある法人では、応募者に対してその宗教への信仰を確認しています。

このように事業そのものの本質に対して合理的な必要性が認められるケースなどは許容されることになります。

## 持病や病歴は質問してよいのか

採否を判断するうえで、特に中途採用については、人員が不足している部門への配属を念頭に適性や能力を見極めることになり、持病や病歴などの健康状態も重大な関心事になります。

任せたい業務の遂行が実は体調面で困難だったということがあれば、採用した意味がなくなってしまうからです。

図表3の事項には持病や病歴に関することが挙げられていませんので、ならば自由に質問してよいのかというと、そういうわけではありません。

会社には調査する自由が認められていますし、応募者には真実を告知する義務がありますが、これには当然に制限があります。応募者の健康情報は極めてデリケートなプライバシーに属する情報ですので、収集する場合には単に応募者の同意があるだけでは足りず、「その調査を行う必要性があること」および「その調査を行う目的・必要性を説明したうえで同意を得ること」を満たす必要があります。

ですから、一般的な質問として健康状態を確認するのではなく、採用後に想定している職種や業務の内容を説明し、それに支障がないか応募者に確認するという慎重な対応が必要となります。また、同じ病気であっても軽重はそれぞれですので、病名等での一律の取扱いをするのではなく、あくまでも業務遂行に対する支障の有無という観点での確認をすることになります。

労働安全衛生法では、会社に対して雇入時の健康診断を義務づけています。これは、入社から3か月以内に実施することとしていますが、入社前3か月以内に受診した結果を書面で会社に提出した者については受診させなくてもよいとしています。この雇入時健康診断と混同し、面接の際に健康診断結果を持ってこさせたり血液検査したりする会社がありますが、これはダメです。適正と能力を見極める選考過程においては、特別な事情がある場合を除き、健康診断結果等が必要となるケースはありません。

## 内定を取り消すことができる場合とは

面接や筆記試験などを経てめでたく採用内定を決めた後に不測の事態に見舞われ、内定を取り消さざるを得ない場合があります。このとき、まだ内定の段階だからといって無条件に内定取消ができるわけではありません。

採用内定の意味は始期付解約権留保付労働契約です（最2小判昭54・7・20民集33巻5号582頁）。要するに「入社日から労働がスタートするという契約が成立しており、何かあったらこれを解約することができる」ということです。

内定の形態にはいろいろありますが、入社日から就労が始まることについて会社と内定者で合意しているわけですから、内定の時点で労働契約が成立していることになり、したがって内定取消は労働契約の解約ということになるのです。

内定者に交付する採用内定通知書には、次のような内定取消事由を列挙します。

①卒業できなかったとき
②期日までに指定した書類の提出がないとき
③健康状態の変化により勤務に耐えられないと認められるとき
④提出された書類等に虚偽の記載があったとき
⑤刑事上の処分を受けたとき
⑥経済状況の変化により採用計画の変更の必要が生じたとき

⑦その他、当社において就労ができない事由が生じたとき

外国人への内定通知であれば「就労に必要なビザを取得できなくなったとき」なども加えます。もちろん、列挙された事由であれば無条件に内定取消できるというわけではなく、解雇と同様に客観的合理性と社会通念上の相当性が必要となり（第2章1参照）、採用内定後に新たに発生した事由であることや採用内定時には知ることが困難な事由であること、内定取消を回避するため最大限努力したことなどが求められます。

## 3　試用期間とはどのような期間か

### 試用期間の性質

試用期間とは、文言上は「お試しの雇用期間」ですが、法的性質は解約権留保付労働契約となります（最3小判平2・6・5民集44巻4号668頁）。つまり、試用期間中に本人の資質や能力などの適格性を評価した結果、雇用継続困難との判断に至ったときには、留保されている会社の解約権を行使し本採用を拒否することができるというわけです。

すると、解約権は会社が自由な判断で行使し得る権限のように見えますが、伝家の宝刀のごとくむやみに振り下ろせば、それは権利の濫用になりかねません。

本採用拒否は解雇と同じことであり、一般の正社員を解雇するよりも会社の裁量が多少は広めに

**【図表４　計算例　月給制における最低賃金との比較】**

| | |
|---|---|
| 最低賃金 | 1000円 |
| 年間所定労働日数 | 255日 |
| 1日の所定労働時間 | 8時間 |
| 月給 | |
| 基本給 | 20万円 |
| 試用期間 | 16万円（基本給の80%） |
| 年間労働時間数 | 255日 × 8時間＝2040時間 |
| 年間の賃金額 | 16万円 × 12か月＝192万円 |
| 1時間あたり賃金 | 192万円 ÷ 2040時間＝941円 |
| → | 941円＜1000円 → 最低賃金違反 |

作成：ばば社労士事務所

は認められるものの、解雇には変わりありませんので慎重な対応が必要です。

## 賃金下げてもＯＫです

試用期間中は、賃金を低めに設定することも可能です。このとき気を付けなければならないのは最低賃金です。ここ数年一気に最低賃金が引き上げられていますので、その金額を割り込まないようにしなければなりません。

毎年10月に地域別最低賃金が改定され、１時間あたりの賃金額が公表されます。時給制であれば、時間給そのものが最低賃金を下回らなければ問題ありません。月給制の場合は、年間の所定労働時間数で除して１時間あたりの賃金額を算出することで最低賃金と比較します。

図表４の計算例では、本採用後の月給が20万円のところ試用期間中は16万円としており、その結果１時間あたりの賃金額が最低賃金を下回っていることから法令違反となります。

この場合、あらかじめ都道府県労働局長の許可を得ることで最低賃金を下回る賃金額を設定することができます。もちろん行政手続だけでOKというわけではなく、就業規則への定めや個々の従業員との合意が必要となります。

### 試用期間の長さの目安は

試用期間の長さは、3か月や6か月が多いでしょうか。試用期間中に従業員の適格性を評価しなければなりませんが、期間内に判断できない場合に備え、就業規則には試用期間を延長することができる旨を定めます。

前述のとおり試用期間中には会社の解約権が留保されていますので、試用期間にある者はその地位が不安定な状態となります。ですので、この試用期間の延長はやみくもに行うのではなく、合理的な理由がある場合に延長する期間を限定し、従業員に説明を尽くしたうえで延長するようにしなければなりません。

ある住宅営業会社では試用期間中の累積契約件数を本採用の条件としています。この数値目標に達するまではいつまでも試用期間中であり、決して望ましいものではありません。

試用期間の長さについては法令上の制限はありませんが、下級審の裁判例では、見習期間を終えた後に試用期間となる制度により、結果として1年以上の不安定な期間となることについて合理性がないとしています（名地判昭59・3・23労判439号64頁）。長くても6か月から1年程度とし、短期間のものを延長する場合でも通算1年程度を限度とするのがよいでしょう。

## 有期契約で適性を判断するとき

このように本採用を拒否することは解雇と同じ扱いとなるので、会社にとってはリスクとなります。そのため、試用期間を有期の労働契約とし、この期間中に適格性を評価し、本採用できない場合には契約期間の満了をもって労働契約の終了とするケースが散見されます。

この方法は一見よさそうに見えますが、この有期の契約期間は契約の存続期間ではなく試用期間であると示されており（最３小判平２・６・５民集44巻４号６６８頁）、実質的にこの有期期間を利用して従業員の適格性を評価していたならば、労働契約の終了は有期期間満了による雇用終了ではなく、試用期間満了後の本採用拒否として扱われてしまいます。

ですから、「いきなり正社員にはちょっと」というのであれば、有期労働契約だとしても契約更新や延長がないことを従業員と明確に合意したうえで働いてもらい、そのうえで有為な人材であれば期間満了するときにあらためて正社員としての採用を提案してみることです。

従業員は期間満了で退職となることを承知していますので、次の職が決まっていて手放さざるを得ない場合もありますが、本人の実力が事前には判別しづらいような専門的技術を必要とする職種などはこうした方法も検討することになります。

これは、あくまでもその期間だけの雇用として割り切ることになります。契約更新の有無については「無」としなければなりません。もちろん、従業員のほうから正社員転換を望む場合もあります。そのときは、あらかじめ定める正社員試験などを実施して判定することになります。

## 4 今日残業を何時間させることができるか知っていますか？

### 残業って本来は違法労働

労働基準法では労働時間を、「1日8時間まで、1週40時間まで」と明確に定めており、この時間数を超えてはならないとしています。

ですが、たいていの会社ではその時間数を超えて従業員がフツーに働いています。要するに残業ですが、法令で労働時間数の限度が定められているにもかかわらず、それを超えて労働させることができるのは、次の2つの条件を満たす場合となります。

①労働者側と延長できる時間数に関する協定を締結する
②①の協定を労働基準監督署に届け出る

労働者側との協定を36協定（時間外労働・休日労働に関する協定）といいます。この36協定を締結する当事者について、労働者側の当事者は労働者の過半数を代表する者となります。これは、大企業など企業内労働組合が組織されている会社であれば、労働者の過半数で構成されている労働組合の代表者であり、多くの企業のように労働組合が組織されていなければ、労働者の過半数を代表する者を選出することになります。

この過半数代表者は、会社側の意思を反映しない環境で選出されなければなりません。中小企業でありがちなワンマン社長による指名や、社長が意見を述べることのできるミーティングなどでの選出ではＮＧです。あくまでも従業員たちの間で自主的・民主的に過半数代表者が選出されなければなりません。

また、過半数代表者に管理監督者はなることができません。ただし、選出過程には管理監督者も参加できますので「代表者にはなれないが投票権はある」ということになります。よくあるのが、管理職をそのまま選出するケースです。従業員たちにしてみれば、普段の業務に関する指揮命令をその管理職が行い、その延長線上で過半数代表者にもその管理職がふさわしいと考えてしまうわけです。「過半数代表者なんて面倒くさそうでやりたくない」ということもあるでしょう。

このように管理職を過半数代表者に選出してしまうことについては検討が必要であり、本章８で管理職と管理監督者について説明していますので、ご参照ください。

## 36協定に不備があると大変なことに

過半数代表者の選出過程に不備があると、その36協定は無効なものとなります。この場合、無効な36協定を労働基準監督署へ届出したとしても、無効であることには変わりありませんので、もし時間外労働や休日労働をさせた場合には法令違反となり、処罰の対象となります。

また、有効な36協定を労働基準監督署へ届出することで、届出日以降の時間外労働について法令違反を免がれることになりますので、36協定に不備があったからといって、あらためて有効に36協定を締結し直して届出したとしても、その再度の届出日前の時間外労働については違法のままであり、適法な状態へと回復させることはできません。

## 今日、何時間残業させることができるか知っていますか？

筆者が管理職研修などを担当する際、受講者の皆さんにこうした質問をします。わかる方には挙手を願うのですが、残念ながらほとんどの場合で手があがりません。回答がわからない場合もあるでしょうし、なんとなくわかるけれども自信がない場合もあるでしょう。

ですがその一方で、管理職の皆さんは自分の指揮下にあるメンバーに対して、意識をするわけでもなく日々フツーに残業を命じています。

ある上司が部下に対して、「この仕事が終わるまで帰るんじゃねえぞ」などと命じ、部下はそれを真に受けて日付が変わるまで頑張っていました。

この会社の始業終業の時刻は9時から17時で昼休憩1時間を除いた所定労働時間は7時間であり、36協定では「1日の時間外労働の時間数：5時間」と定めているとします。

残業には、法定内の残業と法定外の残業の2種類があります。この会社の場合、1日の所定労働時間数が7時間であり、労働基準法の上限である「1日8時間」よりも1時間下回っています。この1時間分について残業することを「法定内の残業」と言います。そして、労働基準法で定められた1日8時間を超える残業を「法定外の残業」といい、これを時間外労働といいます。

具体的には、9時から17時までが所定労働時間、17時から18時が法定内残業、18時以降が時間外労働となります。ですから、時間外労働の上限が1日5時間ということは、この会社では18時から5時間後の「23時」が残業の限度となります。

また、たとえば朝1時間の早出を命じて仕事を開始させた場合などは、それに応じて夜も早まることになります。いずれにしても事例のように、日付が変わるまで頑張ってしまったら、たとえその残業時間分の割増賃金を正しく支払ったとしても違法労働となってしまうのです。

多くの管理職が、労働時間や残業時間について正確に把握しないまま部下に残業命令を出しています。ひとたびなにかあれば、それは上司個人の責任ではなく会社の責任が問われることになりますので、管理職への徹底が必要です。

## 5　休憩時間と手待ち時間の違い

### 労働時間とされる時間

出社時刻から退社時刻までの間には、せっせと仕事をしている時間だけではなく、何をせずにぼんやりしている時間があったり、所定の終業時刻を過ぎても仕事をしていたり、逆に始業時刻よりもだいぶ早く出社して仕事をしていたり、早く出社しているものの単にコーヒーを飲んでいたり雑談しているだけだったりと、社内での過ごし方はそれぞれです。

また、社外においても、直行したり直帰したり、泊りがけで遠方へ出張したり、自宅に仕事を持ち帰っていたりと、いろいろなケースが見られます。

労働時間の定義は、「使用者の指揮命令下にある時間」となります。いちばんわかりやすいのは上司から具体的に命令を受けて業務を遂行している状態の時間ということになりますが、さまざまなケースにおいて、それが労働時間に該当するのかを確認してみます。

①通勤時間は、会社の拘束はなく指揮命令下におかれていないので労働時間には該当しません。

②作業服や制服に着替える時間は、作業服等を着用して通勤するのも更衣室を利用して着替えるのも従業員の自主性に任されているのであれば労働時間とはなりません。会社から、更衣室での着替えを義務づけられていたり、更衣室の使用を余儀なくされている場合は労働時間となります。

③始業前の掃除の時間は、それが従業員の自主的な掃除であり、無言の圧力もなく参加の自由が完全に保障され、不参加でもペナルティーなどの不利益がないならば労働時間にはあたりません。

④自宅から客先へ直行する場合の移動時間は、基本的には労働時間には該当しませんので、客先への到着後からが労働時間となります。ただし、会社が指示した物品を管理運搬しながら客先へ向かっていたり、途中で顧客と合流して目的地へ向かっている場合などは労働時間となります。

⑤出張先への移動時間は、移動中の時間の過ごし方が自由であれば基本的に労働時間にはなりません。会社が移動中に特定の用務を命じている場合は指揮命令下におかれ労働時間となりますが、移動の車中で雑誌を読んでいようと飲酒していようと自由であれば労働時間とはなりません。

⑥定期健康診断の時間は、どちらでもＯＫです。所定労働時間内に受診したならば労働時間のまま扱えばよいですし、逆に始業時刻前に受診したとしても労働時間としなければならないというわけではありません。

## 従業員が勝手に早出残業

よく問題となるのが、従業員が勝手に早出残業するケースです。たとえば、上司が早出を指示しているのであれば当然に労働時間となりますが、上司が指示しているわけでもなく早出しなければならない理由もなく、むしろ上司は「早く来るな」と注意しているにもかかわらず早出しているのであれば、それは労働時間にはなりません。

一方、上司が早出を指示しているわけではなくても、早出しなければ対応できない業務を与えられているのであれば、それは労働時間になります。

また、従業員が勝手に早出していたとしても、その状況を上司が放置していた場合、黙認や黙示の指示にあたり労働時間とされる余地が出てきます。ですから、勝手に早出する従業員がいるならば、繰り返し注意を与え厳に慎むよう指導する必要があります。

## 手待ち時間は労働時間です

手待ち時間とは業務に取り掛かるまでの待機している時間であり、いつでも対応できるようスタンバイしている状態を言います。たとえば、始業時刻になってもとりあえず仕事がないので自席で待機しているだけであったとしても、それが労働時間としてカウントされることについては、どの会社でも異論はないでしょう。もちろん、基本給から不就労控除することもありません。

一方、休憩時間とは労働から完全に解放されている時間ですので、従業員の自由な行動が認められていなければならない時間となります。

手待ち時間でよく例に出されるのが、運送業におけるドライバーさんの荷待ち時間です。これは、トラックが荷主の指定場所に到着しても、積込作業や順番を待っている時間です。いつ積込作業が完了するのかわからないため運転席を離れるわけにもいかず、いつでも出発できるよう待機している状態です。

これは手待ち時間に該当し労働時間となりますので、当然に賃金が発生します。荷待ち時間を休憩時間として扱い無給となる運用をしている場合は、改めなければなりません。

## 6　年次有給休暇を年5日取得させる義務がある

### 年次有給休暇の取得希望は拒めない

従業員が「○月○日の年次有給休暇取得」を請求したときは、従業員がその日に休むことを会社は拒否できません。かろうじて「事業の正常な運営を妨げる」場合に限り、他の日に変更させることができます。これを時季変更権といいます。「事業の正常な運営を妨げる」かどうかについては会社が主観的に決めてよいものではなく、個別的具体的な事情が客観的に判断されます。

冒頭で紹介した、「契約をとれていないのに、休んでいいと思っているのかよ」が、もし有給取得を希望する従業員に対して浴びせたものであれば、「事業の正常な運営を妨げる」ことを理由に時季変更権を行使したとは到底認められませんので、ＮＧということになります。

## 年次有給休暇は年５日の取得義務がある

年次有給休暇が10日以上付与される従業員に対しては、１年間に最低５日は取得させなければなりません。１年間とは、従業員ごとの年次有給休暇付与日（基準日）から起算した１年間のことです。年次有給休暇は入社日から６か月後に１回目の法定付与となりますので、新卒入社のように４月１日に一斉入社するのであれば10月１日が基準日となります。

会社によっては法定の基準日を前倒しして入社日から付与したり、中途採用者のようにばらばらな入社日による年休管理の煩わしさをなくすために、全社員を一斉の基準日としたりするケースもあります。

まだまだ、休まないことを美徳と考え、有給取得しないことが会社への貢献であると考えている従業員がいます。年５日の有給取得しない従業員に対しては、会社が取得日を指定して休ませなければなりません。このとき、自主的に取得済みの日数がある場合には、残りの日数について指定します。たとえば、2日分を取得済みであれば、残る3日分について会社が指定することになります。

### 育休明けでも5日取得させる義務

育児休業などの長期の休みから復帰した従業員について、たとえば年5日取得の期限1か月前に復帰した場合、まだ有給5日を未取得であれば、期限までの1か月間で5日分の年次有給休暇を取得させせなければなりません。

ちなみに、年次有給休暇は基準日前の1年間の出勤率が8割以上でなければ付与されませんが、出勤率の算定にあたり、育児休業の期間は「出勤したもの」と見なされ、基準日には通常どおり付与されていますので、復帰後の取得日数を注意しなければなりません。

## 7 賃金は一方的に変更できない

### 賃金を減額できるケースとは

賃金は従業員にとって生活の基本となる重要な労働条件ですから、会社と労働者との合意により決定されます。ですから、賃金額を変更する場合も会社と労働者との合意が必要であり、会社が一方的に賃金額を変更することは許されません。特に賃金を減額する場合は注意が必要です。賃金の減額が認められるケースについて検討します。

**①欠勤等**

ノーワーク・ノーペイの原則です。賃金は労働の対償ですので、労働の提供がなければ賃金支払いの義務もありません。月額が固定している月給制の従業員であれば、不就労分の減額が当然認められます。

欠勤以外にも遅刻早退、産休・育休や介護休業、無給の特別休暇、その他公民権の行使など職場から離れ仕事をしていない場合のその日・その時間について賃金を減額することができます。

**②減給の制裁**

職場の規律違反に対し減給の制裁を行う場合があります。このとき、次のルールが守られている必要があります。

ア　1回の額が平均賃金の1日分の半額以内

イ　総額が1回の賃金支払期における賃金総額の10分の1以内

「ア」について、1回の不祥事に対する減給額が「平均賃金1日分の半額以内」としなければならず、何日間にもわたり半額以内を減額できるわけではありません。

「イ」について、複数回の不祥事に対する減給額の合計が1回の賃金支払額の10分の1以内でなければなりません。この場合、複数回の不祥事に対する制裁の額の合計が1回の賃金支払額の10分の1を超えるようであれば、残りは次の賃金支払期に回すことができます。

**③降格処分に伴う減給**

この場合、降格させた後の職務に就かせることが必要です。課長職にある者を制裁として係長へと降格させ係長としての仕事をさせている場合は問題ありません。これとは異なり、同じく係長へ降格させたにもかかわらず課長としての仕事をさせ続けている場合は減給の制裁と同じことになり、②で示した「ア」・「イ」が守られなければなりません。

**④合意による労働条件の変更**

労働条件は使用者と労働者の合意により決定されます。つまり、賃金を減額することについても当事者間の合意があるならば、それは労働条件として成立することになります。

労働契約法にも、労働条件の変更について「対等の立場における合意に基づいて」とあります。ただ一般に、会社と従業員との力関係は会社に圧倒的な優位性がありますので、その合意が本当の意味での合意かどうかという点について問題が残ります。

賃金減額のように従業員とその家族の生活基盤を左右するような不利益変更についての従業員の同意が「自由な意思に基づくもの」（最2小昭48・1・19民集27巻1号27頁）であるわけがなく、従業員が会社から押し切られたに過ぎません。成績不良やミスなど会社への後ろめたさから減額に応じてしまうケースもあるでしょう。通常は勤続年数を重ねるごとにさまざまな経験を積み、それなりにスキルや能力も向上するわけですから、好き好んで減額に応じているわけではなく問題が後に残ることになります。

### 債権差押命令が届いた

突然裁判所から「債権差押命令」が届くことがあります。たとえば従業員が借金の返済を滞らせていた場合に、債権者であるローン会社などが裁判所へ手続を行い、従業員の給与を差し押さえたということです。差押えの効力が及ぶ部分については、会社は従業員へ支払うことができません。

差押えの限度額は給与額で変わりますが、基本的には、通勤手当を除く給与額から税金、社会保険料等を控除した手取り額の４分の１までとなります（給与額が多い場合は別の基準になります）。

この「債権差押命令」には差押債権目録が添付されていますので、それに従って計算し差押額を控除した残りを従業員に支払うことになります。くれぐれも給与全額を従業員に支払わないように注意しなければなりません。

## 8　管理職には残業代不要という勘違い

### 管理職と管理監督者は違う

管理職には時間外手当を支給しないと定めている会社は多く、管理職の定義を「課長以上」や「店長以上」などとそれぞれの基準で定めているわけですが、法令上の根拠は労働基準法41条であり、ここには、「監督もしくは管理の地位にある者（＝管理監督者）」については労働時間・休憩・休日について労働基準法の定めを適用しないと定められています。

管理監督者には労働時間や休日など法令上の枠にとらわれずに活動することが求められ、したがって時間外労働や休日労働などの概念がなくなることになり、会社は割増賃金の支払義務がなくなるということです。

労働基準法にいう管理監督者と会社が定める「課長以上」とが必ずしも一致していないことが、しばしば問題となります。このとき、次の3点を検討しなければなりません。

**①職務権限**

管理監督者は経営者と一体的な立場であることが求められます。これは、会社の重要事項の決定に関与することや、最低でも一部門全体を統括し経営者の分身としての管理を行うことをいいます。

労働基準法では、役員のほかにわざわざ管理監督者という地位を用意したわけですから、会社との関係について役員と同程度までを求めるものではなく、この職務権限の該当性については、企業規模などによっても異なることになり、個別的具体的に判断されることになります。

**②労働時間の裁量**

出退勤時刻についての自由がない場合、労働時間の裁量があることにはなりません。ですから、遅刻早退や欠勤を理由とする賃金控除があってはいけませんし、また直行直帰の際に会社の承認が必要だったりしますと労働時間の裁量性が否定されます。

かつては、タイムカードを打刻させることすら労働時間の管理となり裁量性が否定されていましたが、労働安全衛生法改正により従業員の健康管理のため労働時間の状況を把握して記録することが会社の義務となっていますので、その目的としてのタイムカードの打刻などは問題ありません。

### ③待遇

管理職手当を設けるなど十分な待遇となっていない場合、管理監督者性が否定されます。また、手当があったとしても、それが低額であり残業代が支給されている下位の従業員との逆転現象が起こっている場合には問題があります。これがたまたまであれば許容されるのでしょうが、常に逆転しているような状態であれば、ふさわしい待遇とはいえません。

以上のうちもっとも重視されるのは①の職務権限です。職務、権限、責任を負って経営者と一体的な立場であるからこそ、労働時間の制限を除外する必要があるということです。

また、③の待遇がふさわしい水準であったとしても、職務権限や労働時間の裁量が否定された場合には管理監督者性が認められません。もっとも、残業代をケチりたいから管理監督者だとしているわけであり、払うべきものを払っている場合には基本的にモメることはありません。

## 管理職を従業員代表者に選出の屁理屈

ときおり、36協定などで従業員の過半数代表者に管理職が選出されていることがあります。前述のとおり、管理監督者は従業員代表者になることができませんが、管理監督者性が否定される管理職の場合はどうでしょう。労働基準法で制限されているのは、管理職ではなく管理監督者が選出されることですので、問題なさそうに見えます。

この場合、会社の認識はその管理職が管理監督者ではないということになります。したがって残業させているのであれば時間外手当の支給が必要となりますので、もし支給対象となっていない場合は賃金体系を改める必要があります。

会社にとって都合がよいからと「あるときは過半数代表者、またあるときは時間外手当の対象外」という〝いいとこ取り〟は許されません。

## 9 退職届は拒否できない

### 退職届を出すと「2週間で退職成立」か？

退職の意思表示とは労働契約の解約の申込みであり、この申込みに対して会社が承諾することで、会社と従業員の合意による退職となります。こうした合意退職の場合、退職日については会社と退職者で任意に決定することになります。

その一方で、昨今は従業員から退職届が一方的に送りつけられてくることがあり、そうしたケースでは退職日の指定がない場合があります。このとき、「申入れから2週間で退職できる」と言われていますが、これは民法627条1項の辞職に関する定めによるものです。

実は、令和2年4月1日施行の民法改正前までは同条2項の定めで、期間により報酬が定められている者の場合は賃金の計算期間によって退職日が決まると定められており、そのため月給制などの場合、具体的には賃金計算期間の前半での申入れであればその期間の終了日が退職日となり、計算期間の後半での申入れであれば次の期間の終了日が退職日となっていました。ですから、月給制の者の場合は必ずしも「申入れから２週間で退職」ではなかったのです。

ところが、法改正でこの２項について「使用者からの解約の申入れは」と限定されましたので、従業員からの退職の申入れについては１項の適用となり、月給制の者についても「申入れから２週間で退職」となったのです。

## 行方不明による退職。住宅業界にたくさんいました

住宅営業をやっていますと、どうしても契約を獲りたいがために顧客とムリな約束をしてしまうことがあります。

あるハウスメーカーの営業マンＡ君は、顧客Ｂ様の要望である２月中の引渡しを約束して新築工事の契約を獲得しました。新年度や新学期という節目に間に合うようにとの理由から２月中の引渡しを希望する顧客は多かったのです。

Ｂ様の場合は、さらに現在の住居を売却に出しその買主に対して同時期の引渡しを約束していましたので、新築建物が完成していようがいまいが、時期がきたら現在の住居から立ち退く必要がありました。

ところが、建築敷地に関するＡ君の事前調査が甘く、着工までの予定日数を大幅に超えてしまい

ました。A君は約束の期日までの新築建物の引渡しが不可能であることを早い段階で把握していましたが、B様にも上司や同僚にも黙っていました。そして、ある日突然A君は無断欠勤し、それ以降まったく連絡がとれなくなったのです。その後のチームの混乱ぶりは想像のとおりです。

こうした行方不明者の扱いは、「解雇」、「自動退職」、「そのまま在籍」のいずれかが選択肢として考えられます。まず、「そのまま在籍」はあり得ません。欠勤を続けているのでノーワーク・ノーペイの原則から賃金の支払いは不要ですが、社会保険料については免除されません。従業員負担分を回収できなければ会社の社会保険料負担がさらに倍です。雇用を維持することはムダなコストの垂れ流しとなるのです。

すると「解雇」か「自動退職」となりますが、結論は自動退職とするのが基本となります。「解雇じゃないの？」などと相談されますが、解雇の場合、会社からの意思表示を従業員に届けなければなりませんので所在不明ですと面倒です。

自動退職として、就業規則の退職事由には「届出または連絡なく欠勤し、30日を超えて連絡がとれず所在不明のとき」などと定め、期間の経過により淡々と退職の手続を進めるほうが解雇するよりマシなのです。

## 退職届は拒否できない

退職の申入れに対して会社は拒否できません。退職にあたっては、従業員の一方的な意思表示のみで足り会社の承諾は不要ですので、仮に退職の申入れを会社が受け入れなかったとしても、一定の期間を経過することにより退職が成立します。労働者には職業選択の自由が保障されていますので、会社を辞める自由もあるのです。

昨今、退職代行業者の話をよく耳にするようになりました。突然、従業員が無断欠勤をしたと思ったら、退職代行業者から退職日を指定したメールが一方的に送られてくるのです。「本人には連絡を取らないように」という文面に加えて、委任状と退職届が添付されてきます。ナントカ法などに違反するのではないかと思ったりもするのですが、堂々と宣伝・営業しているのだから違法ではないのでしょう。

筆者の経験した例では、退職代行業者に「退職の意思表示を代わりに伝えてもらう伝言業務」を委任したということだそうです。退職の申入れを会社は拒否することができず、交渉や協議する余地がないから成り立っている業態なのかもしれません。

従業員の退職が決まってから退職日までの間には、やってもらわなければならないことがいくつかありますが、その1つが業務の引継ぎです。業務の共有化ができているとしても本人でなければわからない点が少なからずあるものです。就業規則にも「退職日までに必要な業務の引継ぎを行わなければならない」などと定めておきます。

退職日は、必要な引継ぎや有給消化などを踏まえて決定するほうが、退職者も会社もストレスが少なくてよいに決まっています。日頃の人間関係が大切ということなのでしょう。

# 10　定年後も65歳まで継続雇用しなければならない

## 65歳までの雇用確保措置

高年齢者雇用安定法の定めにより定年年齢は60歳を下回ることができませんので、60歳定年としている会社が多くあります。さらに同法では、従業員が望む場合には65歳まで継続して雇用しなければならないとしており、その方法は次のいずれかによらなければなりません。

### ①定年の引上げ

そもそもの定年年齢を65歳以上まで引き上げる方法です。

### ②継続雇用制度の導入

定年後も雇用を継続させる制度のことです。具体的には2つの方法があります。

1つ目は定年年齢に達した従業員をいったん退職させあらためて再雇用する方法です。この場合1年契約などとし期間満了の都度更新の希望を確認する形態が一般的です。

2つ目は定年年齢に達しても退職させずに雇用を継続させる勤務延長の方法となります。

### ③定年の定めの廃止

定年制そのものを廃止する方法です。

これらの措置が導入された背景には、老齢年金の支給開始年齢が後ろ倒しになっていることが影響しています。65歳までの雇用確保措置がなければ、多くの人が60歳以降5年間にわたり無収入となってしまうおそれがあり、その対策として国から企業が下駄を預けられた格好となっているということなのです。

## 定年後再雇用制度がおすすめ

定年後再雇用制度は、定年によりいったん退職させ再雇用する方法ですので、従業員の担当する業務内容をいったんリセットして見直すことができます。本人の強みを活かせる業務があればそこに配置すればよいですし、そうした業務が存在しないのであれば別の業務に就いてもらい、賃金についてもそれぞれの役割に応じてあらためて設定することになります。会社は再雇用後の業務内容や賃金などの労働条件を提示し、従業員との合意が成立すれば再雇用となります。

このとき、もし会社が提示した労働条件を従業員が受け入れずにそのまま定年退職となったとしても、直ちに法違反となるわけではありません。会社は、従業員が望む労働条件を用意するところまでを求められているわけではないのです。

ただし、だからといって不当に低い賃金額や到底受け入れることができないような業務内容を提示したりすることは、法の趣旨に反するものとして継続雇用の機会を与えたとは認められなくなり、法令違反に問われる余地が出てきます。

## 【コラム１　人間関係と労働時間が働きやすさに与える影響】

左側と中央のグラフをご覧ください。１年前と比較して仕事上の人間関係が良好になった場合は「働きやすくなった」という回答の割合が多くなり、逆に人間関係が悪化した場合には「働きにくくなった」が多くなります。

次に、労働時間が減った場合は「働きやすくなった」が多く、労働時間が増えた場合には「働きにくくなった」が多くなります。

ここまでは想像のとおりなのですが、ではこれらを合わせるとどのような結果になるでしょう。右側のグラフをご覧いただきますと、人間関係が良好になった場合は、労働時間の増減に関係なく「働きやすくなった」が「働きにくくなった」を上回っており、人間関係が悪化した場合にはその逆の結果となっています。

生産性向上の努力などで労働時間の短縮を実現しても、人間関係が悪化すれば、僅差ではあるものの「働きにくくなった」が「働きやすくなった」を上回っています。人間関係が良好であることは従業員の働きやすさに大きな影響を与えるものとなりますので、そのことを意識した職場環境づくりを心掛けてほしいと思います。

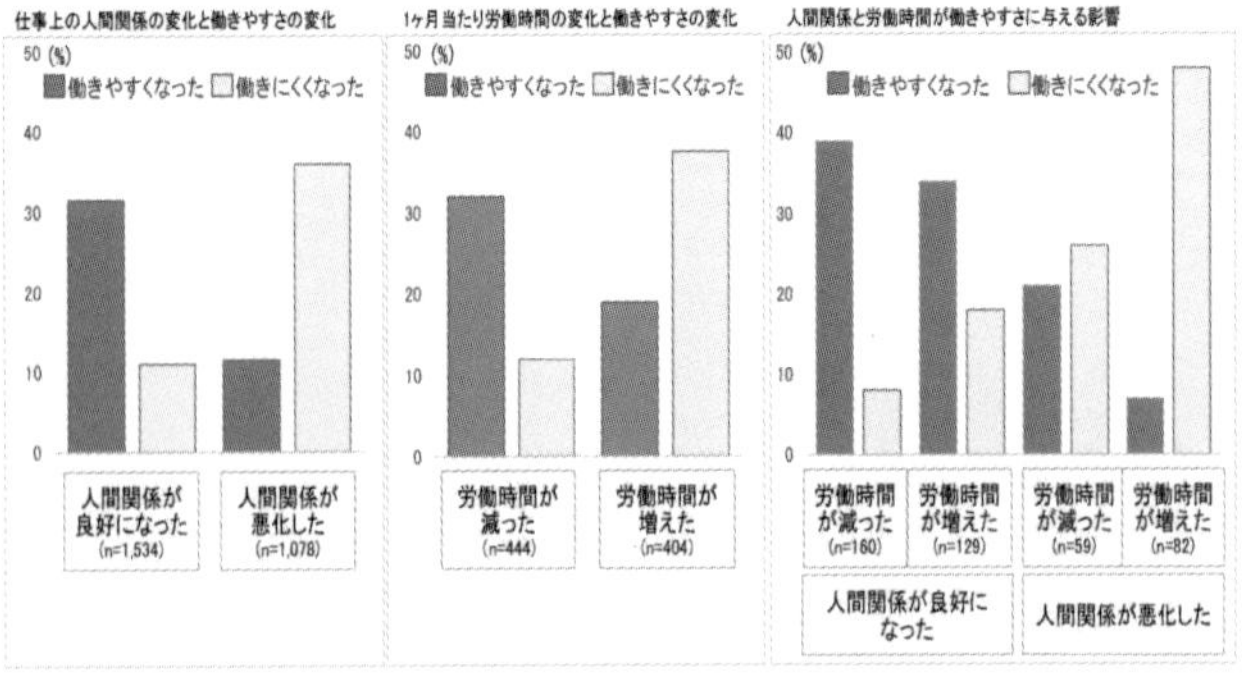


出所:「令和元年版 労働経済の分析」(厚生労働省)を元に作成

# 第2章　解雇・雇止め

# 1　働かない従業員を解雇できるか

## 解雇は一方的な解約

解雇とは、会社が一方的に労働契約を解約することです。従業員は、労働契約に基づき会社から賃金を得ることによって日々の生活を送り、また将来への貯蓄やローン返済などにも充てたりしています。従業員にとって解雇とは、そうした現在進行形の日常に重大な影響を及ぼすものでありますから、会社が解雇権を行使することに対しては一定の制限が設けられています。

労働契約法には、解雇について「客観的に合理的な理由を欠き、社会通念上相当であると認められない場合は、その権利を濫用したものとして、無効とする」（労働契約法16条）と定められており、会社には従業員を解雇する権利があるものの、だからといってむやみにその権利を行使すれば、それは権利の濫用であるとしているのです。

## 客観的に合理的な理由を欠き、社会通念上相当であると認められない

「客観的に」ということは会社側の主観であってはダメだということであり、「合理的な」は理屈に合っているということを意味します。そして「理由がある」ですから、全部まとめますと、誰がどうみても解雇されても仕方がないという理由があるということになります。

ところが、客観的に合理的な理由があったとしても社会通念上相当であると認められない場合は、解雇は行き過ぎであるとされてしまいます。これがちょっとわかりづらいです。

たとえば、能力不足の例で、あまりにもレベルが低く戦力にならないどころか周囲の足を引っ張ってばかりいて、誰からも「あいつをクビにしてほしい」と思われているような従業員がいたとします。このように、ちゃんとした解雇理由があるようにみえる場合であっても、会社がその従業員の能力向上のための教育や訓練を行うなどの努力をしないまま解雇に踏み切った場合、社会通念上相当であると認められないおそれがあります。

つまり、現状の能力不足だけで判断し、能力向上の可能性を試みることなく解雇すれば、それは解雇権の濫用となるのです。

## 働かない従業員を解雇できるか

能力不足の場合、従業員の属性によっても異なってきます。新卒採用と中途採用の違いや、同じ中途採用であってもスペシャリストなど職務内容が特定され当然にその能力の備わっていることが求められる場合では、判断が異なってくるわけです。

企業規模などにも影響を受けます。そのとき担当している職務については能力不足で向上の見込がなかったとしても、配置転換することにより能力を発揮できる職務が見つかる場合もあります。このとき、規模が大きく職務内容が多岐にわたるような会社であれば、配置転換を繰り返すことで様子を見ることができますが、小規模の会社では配置転換にも限度がありますので、その程度には違いが認められることになるのです。また、1人の役立たずが経営に与える悪影響についても企業規模によって大きく違ってきますので、その点でも企業規模は考慮要素となります。

教育訓練にしろ配置転換にしろ、基本的には会社が解雇を回避するための努力を尽くしていたかどうかがポイントとなり、それぞれの事情を考慮して解雇の有効性が判断されることになります。

## 2　解雇してはいけない従業員

### 労働基準法による解雇制限

労働基準法では、解雇してはいけない従業員を次のとおり定めています。

①業務上の負傷・疾病にかかり療養のための休業期間とその後30日間

②産前産後休業期間とその後30日間

### 業務上の負傷・疾病にかかり療養のための休業期間とその後30日間までの従業員

業務上の負傷・疾病により1日でも療養のために休業したならば、その日と翌日からの30日間は解雇制限期間となります。「業務上の負傷・疾病」は労働災害ですので、たとえばスキー場で滑って転んで骨折して1週間休んだとしても、その1週間とその後30日間について解雇制限があるわけではありません。

また、「療養のための休業」ですから、休業の必要がない状態であれば出勤していなかったとしても、出勤可能な状態となった日が「その後30日間」の起算日となります。また、治療のために通院している場合も休業する必要がなければ該当しません。

解雇制限があるのは、こうした条件が満たされている期間となります。

## 産前産後休業期間とその後30日間までの従業員

産前産後休業については労働基準法65条に定められており、一般には産前６週間および産後８週間が休業期間と認識されていますが、これはあくまでも法定された原則の期間です。たとえば、産前休業は従業員が請求した場合に休ませるものですので休業に入るタイミングはそれぞれですし、産後休業については、産後６週を経過した者が請求した場合に条件付きで業務に就かせることができるため早期復帰の者もいます。このように産前産後休業の期間については一定の期間ではなく、従業員それぞれで異なる期間となります。

そこで、解雇制限のある「産前産後休業期間とその後30日間」をまとめますと、産前期間については、実際に産前休業した期間が解雇制限期間となり、産前６週間の期間中であっても従業員が就業し続けている場合には解雇制限されません。そして、産後期間については、産後６週を経過して８週を待たずに就労を開始した場合は、その就労開始の日が「その後30日間」の起算日となりますし、逆に産後8週を超えて休業を続けている場合には、この8週を超える期間については解雇制限にいう産後休業に当てはまらないので、産後8週を経過した日が「その後30日間」の起算日となります。

## 解雇制限の例外

それぞれの期間中と職場への復帰後30日間までの期間については、たとえ就業規則に定めている解雇事由に該当しても解雇することは許されません。従業員による不祥事が発覚してもです。

では、たとえば労災事故にあった従業員のケガがいつまでも治らず職場復帰できない状態が続いたとき、「療養のための休業期間」が継続していることになり、いつまでも解雇することはできないのかという点については、次に該当する場合には解雇制限が除外され解雇できるとされています。

①業務上の傷病が療養開始後3年を経過しても治らない場合に、打切補償として平均賃金の１２００日分を会社が支払う場合や、労働者災害補償保険による傷病補償年金を被災従業員が受給しているとき

②天災事変その他やむを得ない事由により事業の継続が不可能となり、その事由について労働基準監督署長の認定を受けたとき

また、有期雇用労働者のように期間の定めのある従業員については、解雇制限期間中であっても、契約更新されない限り契約期間の満了により労働契約は終了となりますし、定年による自動退職に

ついても同様です。これらは解雇ではないので解雇制限を受けることになりません。

# 3　解雇予告手当を支払っても解雇有効ではない

## 解雇予告とは

労働基準法では従業員を解雇する場合の手続として、少なくとも解雇日の30日以上前に予告するか、あるいは平均賃金の30日分以上の解雇予告手当を支払うことを定めています。また、解雇予告と解雇予告手当を併用することもでき、解雇予告手当を支払った日数分について、解雇予告の日数を短縮することができます。

図表５のように、10月１日に解雇予告しますと最短の解雇日は10月31日となりますが、20日分の解雇予告手当を支払う場合は20日間短縮され10月11日を解雇日とすることができます。

解雇予告の日数や日付について、解雇予告した日は日数に含まれませんので翌日から起算して解雇日当日までを数えます。解雇予告手当についても同様です。これらについては、期間や金額が１日分不足していたなどということにならないよう正確にカウントしなければなりません。

解雇予告手当の支払時期について、解雇予告との併用の場合は解雇日までに支払うこととされています。したがって、30日分の解雇予告手当を支払い即時解雇する場合には、解雇の申渡しと同時に支払う必要があります。

【図表５　解雇予告日・解雇予告手当・解雇日の関係】

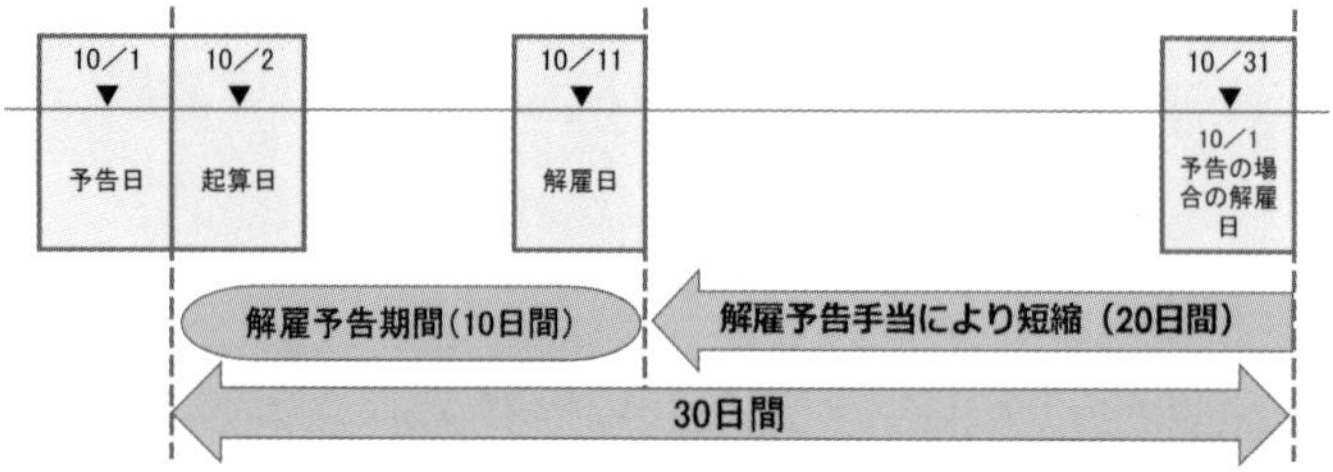


作成：ばば社労士事務所

### 解雇予告は取り消せない

解雇予告の意思表示は原則として取り消すことができません。会社からの撤回は、解雇予告を申し渡した従業員が自由な意思に基づいて撤回に同意する場合にのみ認められ、この同意がない場合は予告期間満了で解雇となります。また、変更についても従業員の同意が必要となります。

変更とは、たとえば解雇予告した後に解雇予告手当を支払うことで当初の解雇日を前倒しすることや、逆に解雇予告手当の支払いを取りやめ解雇日を後ろ倒しすることなどが該当します。

いずれも会社からの一方的な変更は認められません。

### 解雇制限期間が過ぎたらすぐ解雇したい

休業中の従業員に重大な不祥事が発覚しクビを検討したとしても、解雇制限期間中の解雇は許されませんので、ならば次善の策として、解雇制限期間が満了したらすぐ解雇しようということになります。

この場合、解雇予告のタイミングが解雇制限期間中ということになりますが、これについては認められていますので、解雇制限期間の満了に合わせて解雇する場合においても、解雇予告や解雇予告手当は原則どおりの日数で取り扱うことになります。

### 解雇予告手当を支払っても解雇は有効ではない

解雇予告や解雇予告手当は労働基準法に定められている解雇時に必要な手続ですが、この手続さえ踏めば無条件に従業員を解雇できると考えたならば、それは大きな間違いです。前述のとおり、労働契約法の定めにより、客観的合理性を欠き社会通念上の相当性が認められない解雇は無効となります。

解雇予告などはあくまでも手続面における会社の義務ですから、この義務を果たすことと労働契約の一方的な解約の有効性の判断は、まったくの別物であると考えなければなりません。解雇予告などの手続さえ踏めば、気に入らない従業員を自由にクビにできるというわけではないのです。

## 4　解雇した者に退職金を支払いたくない

### 退職金の性格

退職金は法により義務づけられたものではないので、退職金制度を設けるかどうかについては会社が自由に決定することができます。この退職金にはいくつかの性格があり、それらは賃金の後払い的な性格、在職時の功労報償的な性格、退職後の生活保障的な性格などとなります。

ちなみに、会社に退職金制度を設けたのであれば就業規則の相対的必要記載事項に該当しますので、その計算方法や支給方法などの基準を規定しなければなりません(第6章3参照)。それにより、規則に従って支給することが求められることになりますので、その時々の経営者の気分で支給したりしなかったりということのないようにしなければなりません。

## 解雇した者に退職金を支払いたくない

不祥事を起こしたりして解雇した者には退職金を支払いたくないとの話を聞きます。そのため就業規則に「懲戒解雇の場合は退職金不支給」と定めているケースも少なくありません。

懲戒解雇者への退職金を全額不支給とすることについては、「永年の勤続の功を抹消してしまうほどの重大な不信行為があることが必要」（東京高判平15・12・11労判867号5頁）と示されています。

これはつまり、懲戒解雇となった原因となる背信的行為の内容によって支給・不支給が検討されるべきとしており、懲戒解雇だから一律で全額不支給というのはダメだとしています。

ですから、就業規則上の「懲戒解雇の場合は退職金不支給」については規定としては残しておき、具体的な背信的行為の内容を検討したうえで退職金の全額不支給や一部支給などを決めることになります。

また、できることならば、あらかじめ就業規則に、「○○のとき30％減じる」などと具体的基準を列挙しておくことがトラブルの回避につながります。

## 退職金と会社からの借入金との相殺はダメ？

退職金について触れましたので、少し話を展開します。

従業員の退職（解雇）時に会社からの借入残がある場合、通常は全額返済してから会社を去ることになりますが、従業員への退職金と残債の相殺が可能かという点について、賃金には「全額払いの原則」という大前提がありますので、税金、社会保険料、その他労使協定により定めたもの以外の金員を会社が勝手に控除することは許されないことになっています。

したがって、「社内貸付制度の返済金」などを挙げた賃金控除に関する労使協定を締結することと、退職時に残債があるときは退職金により一括返済する旨の約定を金銭消費貸借契約に定めておくなどして、従業員本人に十分な認識をさせておく必要があります。

その一方で、「（従業員の）同意を得てした相殺は（賃金全額払いの原則の）規定に違反するものとはいえない」（最2小判平2・11・26民集44巻8号1085頁）として、個別の同意により「全額払いの原則」の例外を認める裁判例もありますが、これは参考までの紹介とします。

## 5　無念！　やむを得ずリストラする場合

### 整理解雇とは

解雇は、従業員側に原因があることばかりとは限りません。会社側の原因で真っ先に思い浮かぶのはリストラです。残念ながら会社の業績がかんばしくなく、さまざまな経費についてコストカットの努力をしてきたものの、とうとう人件費に手を付けなければならなくなり、余剰人員の整理を行うこととした。いわゆる「整理解雇」です。

整理解雇の場合も通常の解雇と考え方の基本は同じですが、整理解雇の有効性は次の4つの要件をもとに判断することになります。

①人員削減の必要性
②解雇回避の努力
③人選の合理性
④手続の妥当性

これら4要件については、その1つでも欠けていることが直ちに解雇無効の判断となるわけではなく、その有効性については総合的に判断されることになります。

### 整理解雇４要件について

#### ①人員削減の必要性

その必要性の程度が問題となります。基本的には経営判断が尊重されますが、経営危機の程度については、倒産必至の緊急性があるケースだけではなく、このままでは将来的にヤバいという危機予防のケースであったとしても認められることがあります。

ただしこのとき、たとえば人員整理した直後に多数の採用を実施したりしますと、整理解雇との矛盾を指摘されることになりますので注意が必要です。

#### ②解雇回避の努力

解雇を選択する前に、解雇以外の取組をやれることは何でもやっておけということです。役員報酬の減額、配置転換や出向、希望退職の募集などがその典型例です。また、残業禁止、一時帰休、賃金引下げなども考えられます。

こうした解雇回避の努力を尽くしたかどうかは重要な要素になります。解雇は従業員の生活を一変させる重大事ですので、でき得る限りの努力を尽くしたうえでの最終手段という位置づけとなります。何をどこまで行えば解雇回避の努力を尽くしたことになるのかは、それぞれの事情により判断されることとなります。

#### ③人選の合理性

誰を解雇の対象とするか、厳しい選択をすることになります。その人選に恣意的なものがあれば解雇の有効性が問われることになりますので、なぜその者を選んだのか客観的な合理性がなければなりません。

これについては、人選の基準が定まっているか、その基準に合理性があるか、そしてその基準を公平に当てはめたかどうかにより評価されます。具体的には、勤怠の状況、勤務成績、年齢や勤続期間、生活の状態などの基準が考えられます。

**④手続の妥当性**

これは従業員側と事前の説明や協議を行ったかどうかです。従業員側の納得を得られるよう説明し、ともに知恵を出し合い、整理解雇を実施する時期、規模、方法について協議していくことが必要です。経営状態の緊急性の程度にもよりますが、十分に検討するための期間の余裕をもって臨みます。

他の要件が認められていても手続の妥当性が認められない場合に、整理解雇そのものが無効とされることもありますので、誠意をもって従業員側との説明・協議にあたる必要があります。

## 6　退職勧奨と解雇は異なる性質のもの

### 退職勧奨とは

退職勧奨とは、会社が従業員に対して労働契約の解約の申込みを行うことです。この申込みに対して従業員が承諾すれば労働契約の合意解約となります。

退職勧奨を行うケースには、非違行為や成績不良など従業員に原因がある場合もあれば、業績不振や部門閉鎖など会社に原因がある場合もあり、いずれにおいても対象となる従業員に会社からお引き取り願うことを目的に行います。

そのあたりが解雇と混同されやすいのですが、解雇の場合は会社からの一方的な解約ですので、合意解約を目指す退職勧奨とは根本的に異なる性質のものとなります。

## 合意退職となったはずなのに従業員から取り消されるケース

退職勧奨については、従業員による承諾の意思表示が真の自由意思に基づいたものであったかどうかが、しばしば問題となります。従業員には退職勧奨に応じる義務はありませんので、解約の申込みに対する諾否はまったくの自由です。

したがって、会社としてはなんとしても辞めさせたく多少の強引さが表れてしまうわけです。大きな声を出した、複数人で迫った、従業員が拒否しているにもかかわらず何度も繰り返し説得を続けた、あることないこと提示して承諾させたなどです。

真の自由意思に基づかない意思表示とは、脅されたなどの「強迫」による場合だったり、勘違いさせられたなどの「錯誤」による場合だったり、退職するつもりがないのに会社のしつこさから逃げたい一心で退職願を書いたなどの「心裡留保」による場合だったりしますが、こうしたケースでは退職意思の取消や無効の可能性が残されてしまいます。

ですから、退職勧奨したものの従業員が明確に拒否した場合は、あまりしつこくしないことであり、繰り返し説得するのであれば、退職金の優遇など何らかの条件変更を提示するなど再勧奨の理由が欲しいところです。

# 7 懲戒解雇とは

## 懲戒処分は従業員への制裁

会社には企業秩序を維持する必要がありますので、その秩序を乱す従業員に対しては会社固有の権限としての懲戒権が認められています。要するに、乱された秩序の回復のため対象となる従業員に制裁を科すことができるというわけです。

懲戒処分を行うにあたっては、あらかじめ就業規則に定めのあることが必要であり、これはあらかじめ定められた行為（懲戒の事由）に対し、あらかじめ定められた重さの処分（懲戒の種類）を行うということであります。

懲戒の事由とは、どのような行為が懲戒処分の対象となるかということです。おおまかには、職場規律違反、業務命令違反、企業秘密の漏洩、備品物品の私的利用、犯罪行為、経歴詐称などとなり、就業規則には具体的行為を列挙することになります。その内容は各社さまざまであり、行為数も一桁から三桁まで千差万別、行為内容もピンからキリまであります。従業員に対して比較的厳しめに対応する会社では行為数が多く〝べからず集〟のようになっていたりします。

もっとも、それが悪いというわけではありません。懲戒については列挙されている行為でなければ処分を行うことができませんし、また、具体的に細かく「○○したとき」と定めがあることは、何をしたら制裁を受けるのかが従業員にわかりやすく注意喚起にもなるのです。

懲戒の種類には、戒告、けん責、減給、出勤停止、降格、諭旨解雇そして懲戒解雇などがあり、表現の違いはあるものの、各社このような種類の処分内容を定めています。懲戒の種類もあらかじめ就業規則に定めてあることが必要であり、あらかじめ定められた種類の処分のみ行うことができます。ですので、あまりに腹が立ったからといって、「グランド10周してこい！」などと制裁を科してはいけません。

懲戒処分に至るまでの手続について、就業規則に定めをおいている場合には、その手続を遵守しなければなりません。ここには、処分を審議決定する機関、事実関係の調査に関すること、処分が決定するまでの間に自宅待機を命じる場合があること、従業員に対する懲戒事由を告知すること、弁明の機会を与えることなどを定めます。

懲戒処分の中で最も重い制裁は懲戒解雇であり、これは雇用関係を終了させ会社から排除することを意味しますので、これを選択せざるを得ない場合は一層厳格な手続の遵守が必要でしょう。

普通解雇と懲戒解雇の違いについて、会社からの一方的な労働契約の解約という意味では普通解雇と同じなのですが、懲戒解雇の場合は重大な非違行為に対する制裁であり、その点が普通解雇と異なります。

普通解雇の場合は、会社と従業員との間の労働契約により約束された労務について、従業員が十分な提供をしないから「会社からお引き取り願う」ということでありますが、懲戒解雇の場合は企業秩序を回復するためにその従業員を「会社から排除する」ということを意味しますので、その性質はまったく異なるものであり従業員に対する影響も異なるものとなります。

## 懲戒処分を行うにあたり守らなければならないこと

1つの行為に対して複数回の処分を行うことはできません。無断欠勤を繰り返したことでけん責処分とし始末書を提出させた従業員に対して、どうにも腹の虫がおさまらずさらに減給処分を行った場合、これはＮＧです。

この減給が不就労に対する賃金控除であれば制裁ではないので問題ありませんが、けん責処分後にさらに制裁としての減給処分を行うことは二重処分となります。

一方、けん責処分の対象となった遅刻ではなく、処分後も遅刻を繰り返したため、そちらに対する減給処分を行ったのであれば二重処分ということにはならず問題となりません。

行為と処分の軽重には均衡がとれている必要があります。たとえば、従業員がボールペン1本をちょろまかしたとき、たしかにこれは会社に対して直接の損害を与える立派な横領ですが、だからといって懲戒解雇としたら、それは誰がどうみても重すぎる処分です。

また、過去の類似の事例とのバランスがとれていることも必要であり、以前の類似のケースで別の従業員に対して戒告としていたにもかかわらず今回は懲戒解雇としたならば、それはやはりバランスがおかしいということになります。

## 懲戒解雇された事実は再就職先にバレるか

懲戒解雇された場合、労働者にとっては再就職に影響があるかどうか気になるところでしょう。この点について、まず履歴書で記載を求めている賞罰の罰については刑事罰のことですので、懲戒解雇歴を記載する必要はありません。

ですから、本人が意図的に隠している分には、懲戒解雇された事実は基本的には再就職先にバレません。そのほか、もし書類関係でバレるとしますと、それは退職証明書か離職票です。

退職証明書は、退職した会社に交付を求めることができる書類です。これは退職後2年間まで交付義務がありますので、再就職先が求めてきたときに、前職の会社が倒産でもしていない限りは、取得できない理由が存在しません。

この退職証明書には、使用期間、業務の種類、地位などとともに退職理由を記載します。退職理由については、退職者が望まない場合は記載しないことになっていますが、再就職先は退職理由を確認したいからこそ退職証明書を求めているわけですので、退職理由を空欄とするわけにはいきませんし、仮に空欄で提出しますと突っ込んだ質問を受けることになるでしょう。

離職票は、離職理由がモロに記載されます。具体的には、「(労働者の）重責解雇」にチェックが入れられ、フリー記入欄には具体的事情が記入されます。ただ基本的には、前職の離職票を再就職先に提出する機会はありません。

もしあるとしたら、たとえば再就職してから短期間のうちに育児休業を取得する場合などであり、たとえば再就職後1年以内の休業取得でそれに伴い育児休業給付金の申請ということになりますと、雇用保険の被保険者期間通算の確認のため前職の離職票を再就職先に提出する必要が生じますので、これでバレます。

## 8　有期雇用労働者の契約更新しないとき

### 有期雇用労働者とはどのような従業員か

無期雇用とは、正社員のように契約期間の定めがなく定年まで労働契約が継続する雇用形態です。それに対し、有期雇用とは3か月契約や1年契約など契約期間の定めのある有期労働契約のことであり、基本的には契約期間の満了により労働契約の終了となります。有期雇用労働者のことを契約社員と呼んだりしますが、短時間労働者であるパートタイムの場合も有期労働契約であることが一般的となっています。

もっとも、契約社員もパートタイムも1回の契約期間の満了で雇用を終了させずに、契約更新を繰り返し継続して就労することが一般的に行われています。

会社としては、業務量が多ければ契約を更新し、業務量が少なく労働力がダブつくようであれば不更新とし、有期雇用労働者には雇用の調整機能としての役割を求めている面もあります。

## 契約期間が満了しても雇止めＯＫというわけではない

契約期間が満了となるとき、契約更新する場合の実際の手続において、「なんとなく更新」していませんか。

一般に、契約更新の判断基準として、満了時の業務量、担当業務の進捗状況、能力・業務成績、経営状況などを定めますが、実際には大した検討もせずになあなあで更新することが多く、書面のやりとりについても次第におざなりになっていたりします。これはけっこう危険なことでして、そうした実態がありますと、景気低迷の影響などで本当に雇用調整しなければならなくなったときに雇止めすることができなくなる場合があります。

労働契約法では、次の2つのパターンに該当する有期雇用労働者から契約更新の申込みを会社が受けたとき、その申込みを会社が拒絶することが客観的に合理的な理由を欠き、社会通念上相当であると認められない場合には、会社が雇止めすることをＮＧとしています。

①実質的に無期雇用と異ならない場合

②更新されることに合理的期待がある場合

ちょっとややこしいので簡単に言い換えますと、これら2つのパターンに該当する有期雇用労働者は無期雇用と同じなので、この従業員を雇止めするということは解雇と同じであり、正社員を解雇するのと同じように「客観的に合理的な理由」がなければダメだし「社会通念上相当」でなければダメだということなのです。

**実質的に無期雇用と異ならない場合**

実質的に無期雇用と異ならない場合とは、これまでに複数回にわたって契約更新されてきたことにより、無期契約と異ならないと評価される場合です。

更新する際の手続を怠っていたり形骸化していたり、更新の判断基準に照らして検討することもなくいつの間にか更新されていたりしたら、労働契約の期間に定めがあることを従業員が意識しなくなるのも当然なのです。

**更新されることに合理的期待がある場合**

更新されることに合理的期待がある場合とは、更新回数に関係なく、更新されると期待することが合理的であるということです。

たとえば、従業員に更新を期待させるような事業主の言動です。

「来期も忙しいから、また頼むね」。こんなことを言われれば、更新されると思うのが自然であり、従業員が更新を期待してもおかしくないということです。この場合、更新の回数は関係ありませんので、まだ一度も更新していない段階であっても条件さえ満たされれば、これに該当します。

## 不更新の定めをすれば最後の更新とできるか

今回の更新で最後とし次の満了日をもって労働契約を終了しようとするケースがあります。その場合は、不更新条項を労働条件に盛り込みます。これにより、従業員自身も今回の更新が最後であることを認識したうえで契約更新に合意したことになりますので、期間満了をもって自動的に労働契約が終了します。

この場合、その合意が従業員の真の自由意思に基づく合意かどうかという問題があります。契約更新にあたり、従業員にとっては「不更新条項付きの更新を受け入れる」か「拒否して更新できない」の二者択一となっていますので、実質的には選択の余地がなく、しぶしぶ更新契約書にハンコを押していることが考えられます。

すると、それは真の合意とはいえません。会社としては、従業員に懇切丁寧に事情を説明し、従業員には真に納得してもらう必要があるのです。

## 【コラム２　不本意非正規雇用を考える】

不本意非正規雇用とは、不本意ながらパートタイムや派遣労働者など正社員以外の雇用形態で働いている労働者のことをいいます。

総務省の労働力調査では非正規雇用の職についた理由を調査しており、これには下表のようにさまざまな理由がありますが、そのうち「正規の職員・従業員の仕事がないから」と回答した者が不本意非正規雇用ということになります。男女別にその割合をみますと、男性17.0%、女性7.9%となっています。

この結果から、女性の方が自ら望んで非正規雇用を選択する割合が男性に比べて高いということがわかります。

なぜ女性は自ら望んで非正規雇用を選択するのでしょう。別の理由のうち男性が低く女性が高いものを探しますと「家事・育児・介護等と両立しやすいから」が、男性1.3%、女性15.2%となっています。

女性は家事や育児などの都合に合わせることのできる雇用形態を望み、男性はそれを望んでいないということになります。というよりも、そもそも男性が家事・育児をやっていないので両立を考える必要がないのだろうとも想像できます。

もし女性が家事・育児から解放されたならどうでしょう。家事・育児と両立しながら正社員として働くことができるならどうでしょう。正社員として存分に働きたいと望んでいる方もいるのではないでしょうか。企業や社会全体でよく考えていかなければなりません。

(万人,%)

| 非正規についた主な理由の内訳 | 男女計 | | 男 | | 女 | |
|---|---|---|---|---|---|---|
| | 実数 | 割合 | 実数 | 割合 | 実数 | 割合 |
| 合計 | 1,994 | 100 | 619 | 100 | 1,375 | 100 |
| 自分の都合のよい時間に働きたいから | 654 | 32.8 | 187 | 30.2 | 467 | 34.0 |
| 家計の補助・学費等を得たいから | 385 | 19.3 | 75 | 12.1 | 310 | 22.5 |
| 家事・育児・介護等と両立しやすいから | 217 | 10.9 | 8 | 1.3 | 209 | 15.2 |
| 通勤時間が短いから | 95 | 4.8 | 28 | 4.5 | 67 | 4.9 |
| 専門的な技能等をいかせるから | 164 | 8.2 | 82 | 13.2 | 82 | 6.0 |
| 正規の職員・従業員の仕事がないから | 214 | 10.7 | 105 | 17.0 | 109 | 7.9 |
| その他 | 265 | 13.3 | 134 | 21.6 | 131 | 9.5 |

出所：「労働力調査（詳細集計）令和3年平均」（総務省）を元に作成

# 第3章　ハラスメント

# 1　職場におけるハラスメントの基礎知識

## ハラスメントの現状

職場におけるハラスメントに関して会社の責務が強化されています。相談窓口の設置や事案が発生した場合の対応などはもちろん、そもそもハラスメントを発生させないよう防止対策の措置をとることが会社の義務となっています。

その背景としては、行政への相談件数が増加傾向にあることが考えられます。全国の都道府県労働局に設置されている総合労働相談コーナーへの労働相談のうち「いじめ・嫌がらせ」の相談件数の推移を図表6に示しましたが、これによれば、いったん減少した「いじめ・嫌がらせ」が、再度増加に転じていることがわかります。

図表7は精神障害の労災補償状況の資料から抜粋したものとなりますが、パワハラおよびセクハラを原因として精神障害を発症し労災補償として支給決定された件数を示しています。驚いたことに、パワハラについては1割近い件数が未遂を含め自殺に至っていることを示しており、ハラスメントは人の命にも関わる問題であるということがわかります。

## 【図表６　いじめ・嫌がらせ　相談件数の推移（総合労働相談コーナー）】

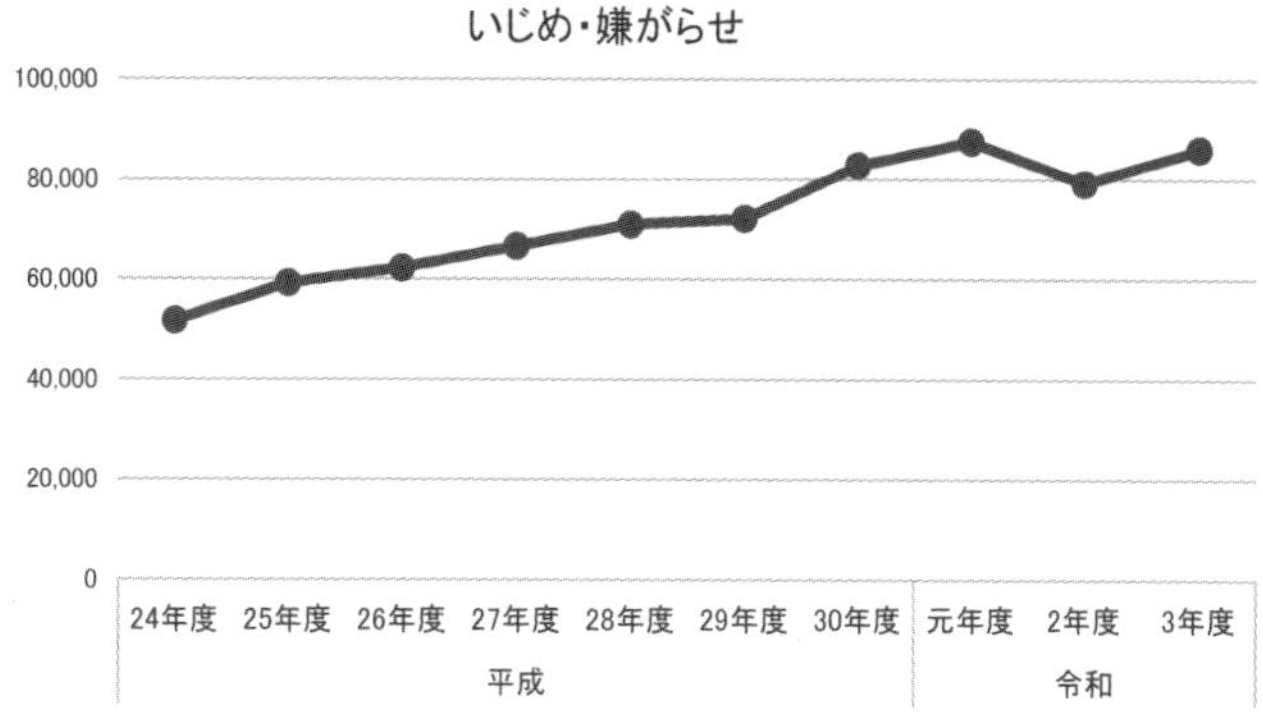


出所：「令和3年度個別紛争解決制度の施行状況」（厚生労働省）を元に作成

## 【図表７　パワハラ・セクハラ　精神障害に関する労災補償状況】

| | 令和2年度 | | 令和3年度 | |
|---|---|---|---|---|
| | 支給決定件数 | うち自殺件数 | 支給決定件数 | うち自殺件数 |
| パワハラ | 99 | 10 | 125 | 12 |
| セクハラ | 44 | 0 | 60 | 0 |

出所：「過労死等の労災補償状況」（厚生労働省）を元に作成

### ハラスメントには社会全体で取り組む必要がある

パワーハラスメント、セクシャルハラスメント、妊娠・出産・育児休業等に関するハラスメントについては、会社の講ずべき雇用管理上の措置等が法令により定められています。また、最近ではさまざまな種類のハラスメントが定義されており、会社は、そうした職場におけるハラスメントのすべてに気を配る必要があります。

ハラスメントは従業員個人の尊厳を深く傷つける行為です。従業員がハラスメントを受け本来の能力を発揮できずにいたら、あるいは能力を発揮できないまま退職してしまったら、会社にとっては大きなマイナスとなります。

会社と従業員が協力してハラスメントのない職場づくりをしていかなければなりませんし、社会全体としての取組みが必要であるといえます。

## 2　パワハラ　新入社員と中堅社員では叱責の程度に違いがあって当然

### パワーハラスメントの定義

職場におけるパワーハラスメントは、次の3つの要素をすべて満たすものとなります。

**①優越的な関係を背景とした言動であること**

この「優越的な関係」は必ずしも上司から部下に対する言動に限りません。同僚間であっても部下から上司に対するものであっても「優越的な関係」はあり得ます。たとえば、部下の業務知識が豊富でありその部下の協力が業務遂行するうえで不可欠であるケースや、部下が集団で上司の指示を無視するケースなどが考えられます。

**②業務上必要かつ相当な範囲を超えたものであること**

たとえば上司から部下への叱責ひとつとっても、個々のケースごとに客観的かつ社会通念に照らして判断する必要があります。それは業務上必要な叱責だったのか、叱り方は適切な範囲の程度であったのかなどです。

これらは叱責の原因にもよりますし、回数にもよります。人の生命に関わるミスに対する叱責と、寝坊して10分遅刻したことへの叱責では、許容される叱責の強さが異なって当然です。

また、労働者の属性も重要な要素ですので、たとえば社会人経験の少ない若手社員に対する叱責と中堅社員への叱責では違いがあって当然なのです。

**③労働者の就業環境が害されるものであること**

身体的精神的な苦痛を受け、従業員にとって職場環境が不快なものとなり、能力の発揮に重大な影響を受けることがこれにあたるのですが、これについてはそれぞれの従業員の主観で判断するのではなく、社会一般の平均的な労働者の感じ方が基準となります。

## パワーハラスメントの6類型

パワハラ指針では、どのような言動がパワハラに該当するのか代表的なものについて6つの類型を示してします。

**①身体的な攻撃（暴行・傷害）**

暴力は軽微なものであっても一発アウトです。絶対に手を出してはいけません。

**②精神的な攻撃（脅迫・名誉棄損・侮辱・ひどい暴言）**

ルール違反した従業員への叱責だとしても、必要な範囲を超えて長時間にわたるものであったり、内容が人格を否定するものであったりしたらNGです。

**③人間関係からの切り離し（隔離・仲間外し・無視）**

隔離部屋に1人だけ配属させ1日中誰とも会話する機会を与えなかったり、そこまで極端ではないとしても意図的に職場内で孤立させたりすることなどが該当します。以前よく見られた自主退職に追い込むための手法です。

**④過大な要求（業務上明らかに不要なことや遂行不可能なことの強制・仕事の妨害）**

ある住宅営業会社では、「今から100件営業電話かけろ！」などと夕方突然命じられたりしていましたが、これなど該当します。

育成を目的として少し高いレベルの業務を命じるのであれば問題ありませんが、嫌がらせ目的で肉体的苦痛を伴うような過酷なものを命じたら、それはアウトです。

**⑤過小な要求（業務上の合理性なく能力や経験とかけ離れた程度の低い仕事を命じることや仕事を与えないこと）**

これは逆に、仕事を与えないことや、その従業員の能力と比べて著しく低レベルの業務しか与えないことなどが該当します。嫌がらせ目的でシュレッダーかけばかりやらせていたら、それは当然にＮＧです。

**⑥個の侵害（私的なことに過度に立ち入ること）**

プライベートに立ち入り過ぎるとこれに該当します。もちろん、従業員に対する配慮のために必要な事項を確認することや、そのために本人の了解を得て人事部門の担当者と情報共有することなどは問題ありません。興味本位でプライベートに立ち入り過ぎるとアウトです。

## ありがちなケース

けっしてパワハラ体質な会社というわけではなくごくフツーの会社であっても、パワハラを思わせるような場面があります。

**①ポスターを丸めてたたいた**

単に互いにじゃれているだけならばパワハラとはならないのでしょうが、不始末をしでかした部下に対してモノでたたいたとしたら、たとえそれがケガにはつながりそうもない紙製のポスターであってもＮＧです。とにかく「身体的攻撃」はやってはいけません。

## ②業務量が多い、期限の設定が短い

こうした業務の配分については上司の権限の範囲であり、これをもってパワハラとなるわけではありません。嫌がらせなど不当な目的で特定の部下にのみ過大な業務量を与えたり、明らかに無理な期限を設定したりしたらＮＧです。

また、従業員の健康管理の面にも気を付けなければいけません。本当に業務上の必要があり連日夜遅くまでメンバー全員で頑張らざるを得なかったとしても、体調不良を訴える部下は帰しましょう。

## ③予定があるという従業員に残業を命じた

意外とこれは大丈夫です。たいていの会社で従業員は残業に応じる義務があり、就業規則にも「業務上の必要により時間外労働および休日労働を命ずることがある」などの定めをしています（第6章7参照）。

従業員が残業を断ることができるとしたら、それは正当な理由がある場合となりますので、残業を命じたときに予定があるとのことであれば、その予定の内容を確認します。

単なる友人との飲み会なのか育児・介護や病気の治療などの用事なのか、それによって対応が異なり、後者であれば残業させないで済むよう配慮する必要があります。また、友人との飲み会であったとしても1年に一度しか会う機会のない友人であれば、予定をキャンセルさせるのは酷な話です。

そのほか、残業を命じるタイミングにもよります。終業時刻が近くなってからの残業命令など予定を変更するには困難なタイミングであれば、それは考慮しなければいけません。いずれも残業の必要性との比較ということになります。

### ④「がんばれ」はダメ？

これよく聞きますよね。ですが、けっして言ってはダメというわけではありません。上司が部下を励ましたり鼓舞したりするのはフツーのことであり、そのとき使う言葉は「がんばれ」でしょう。

これを言っちゃダメだというのなら、じゃあ何て言えばよいのかということになりますが、たとえ別の表現を用いたとしても、それが「がんばれ」と同じ意味を持つのであれば、別の表現を使う意味がありません。

気を付けなければならないのは、部下の状態です。「本当にもう無理なんです」という状態の部下に対して「がんばれ」は禁句ですので、従業員の心身の状態を注意しなければなりません。

## 3　セクハラ　もう社内恋愛できないのか

### 対価型セクハラと環境型セクハラ

職場におけるセクシャルハラスメントについては男女雇用機会均等法に根拠があり、次の2つに分類されます。

### ①対価型セクハラ

労働者の意に反する性的な言動に対する労働者の対応により、労働者が労働条件について不利益を受けることをいいます。

たとえば、ある従業員が性的な言動を受け、それに対して拒否や抵抗したところ、解雇されたり、降格や減給となったり、有期契約であれば更新されなかったりするなど、何らかの不利益を受けることをいいます。

### ②環境型セクハラ

労働者の意に反する性的な言動により、労働者の就業環境が不快なものとなったことで、能力の発揮に対する悪影響などの支障が生じることをいいます。

つまり、性的な言動を受け、それを従業員が苦痛に感じ、就業意欲が減退したり、仕事が手につかなかったり、業務に専念することができなかったりすることをいいます。

## 性的な言動とは

対価型セクハラと環境型セクハラのいずれにおいても、労働者の意に反する性的な言動がそもそもの原因となります。セクハラ指針では、この性的な言動について「性的な内容の発言」と「性的な行動」を指すと示しています。

性的な内容の発言の例として、性的な事実を尋ねること、性的な内容の情報を意図的に流布すること等が挙げられ、性的な行動の例としては、性的な関係を強要すること、必要なく身体に触ること、わいせつな図画を流布すること等が挙げられています。

こうした例からもわかるように、そもそも職場においては、業務を遂行するうえでこのような性的な言動の必要性がないということに留意する必要があります。

## このようなケースはどうなのか

会社には多くの人が集まります。いろいろな考え方の人がいますし、恋愛感情も生まれます。日々の仕事においては、純粋な業務であっても性的な表現や描写を伴うものもあります。

### ①同僚を好きになってしまい食事に誘いたい

フツーにあります。好きになった相手が職場の同僚だった場合に、食事に誘ったらセクハラになってしまうのでしょうか。もしそうだとしたら世の中から社内恋愛がなくなることになります。こうしたケースでは、1回誘うのは仕方ありません。

もちろん、常識的な誘い方でということにはなりますので、「オレは何度断られてもあきらめない」という姿勢は少々マズイです。異性として誘うという行為は、相手にとってみれば、これまでは単なる同僚であったことから異性として扱われたことへと意識が変わりますので、2度3度と繰り返せば性的な言動により相手の就業環境を害することになりかねず、その場合セクハラと判断されるおそれが出てきます。

## ②男女問わず部下の肩をたたいてくる上司

男性従業員にも女性従業員にも肩をポンポン叩いてくる上司が、こんなご時勢でもまだいます。これは基本的にアウトでしょう。セクハラ指針には、性的な行動の一例に「必要なく身体に触ること」とあります。

たしかにこの上司の場合は、男性女性問わず身体に触れているので、性的という意味合いはないのかもしれません。しかし、触れられた従業員にしてみれば、他の多くの従業員も触れられていることは関係のないことであり、自分が触れられたという事実が問題なのです。

嫌悪感を覚えていることを伝えれば、この上司も、さすがに嫌がる相手にはやめるでしょう。しかし、上司と部下の関係ですとなかなかそれを表現しづらく、上司はそのことに気づかない場合も考えられます。

ですから、必要のない身体的接触は一切やめさせるのが会社としての対応となります。

## ③性的描写のある出版物の打合せ

たとえば、性的な描写のある出版物について打合せをする場合はどうでしょうか。メンバーは全員を男性とすべきでしょうか。そのような対応は現実的ではありません。このケースは、業務上の目的で必要な範囲の打合せをしているに過ぎず、そもそも「性的な言動」であるとはいえません。

このとき、たとえば女性従業員に対して羞恥心を抱かせることを目的として言動するなどしたら、それはセクハラに該当する余地が出てきます。

## 4　マタハラ　必要な安全配慮か、それとも過剰な気遣いか

### マタハラとは

マタハラとはマタニティハラスメントを省略した言葉ですが、これは「職場における妊娠・出産・育児休業等に関するハラスメント」といいます。マタハラは男女雇用機会均等法および育児・介護休業法に根拠があり、次の２つに分類されます。

**①制度等の利用への嫌がらせ型**

制度等の利用とは、産前休業や育児休業等の制度利用はもちろん、妊娠中の軽易な業務への転換請求や所定労働時間の短縮措置等の諸制度の利用のことをいいます。

それらの制度を利用することは労働者に認められた正当な権利でありますが、この嫌がらせのタイプは、制度利用を躊躇させるような嫌がらせや、あるいは制度利用していることに対する嫌がらせとなります。また、解雇その他の労働条件等について不利益な取扱いを示唆することもこれに該当します。

**②状態への嫌がらせ型**

状態とは、女性労働者が妊娠している状態や出産した状態のことをいいます。労働基準法では産後の就業制限期間が定められていますが、その期間中で就業できない状態にあることなども、ここ

にいう「状態」に含まれます。

このタイプは、そうした状態であることに対する嫌がらせであり、また、制度等の利用への嫌がらせ型と同様に、解雇その他の労働条件等について不利益な取扱いを示唆することも該当します。

## ありがちなケース

マタハラは無意識にやってしまう怖さがあります。また、上司から部下への嫌がらせに限らず、同僚間でも起こります。制度利用者などはある種の後ろめたさを感じていますので、多少の嫌な思いは仕方のないことと我慢してしまう場合もあります。

### ①妊婦健診の予定を確認して日程変更を相談した

妊婦健診のため休暇をとる予定の女性従業員に対して、同僚が自身の休暇の予定との調整をする目的で日程変更を相談したというケースです。相談すること自体は問題ありません。そして、それに対して女性従業員が承諾して日程変更したとしても、制度利用の請求を阻害したとはいえず、これについても問題ありません。

もちろん、その承諾が女性従業員の自由な意思によるものであり強制されたものではないということが条件となります。女性従業員に負担を感じさせたとしたら、その程度によってはマタハラに該当してくる場合も考えられますので、十分にコミュニケーションをとることが大切です。

**②育児休業中の従業員について、休業していることに対する陰口を言う**

基本的には従業員に向けられた直接の言動がマタハラの対象となりますが、こうした陰口が制度利用を阻害する職場風土につながるのは明らかです。

マタハラ指針では、妊娠・出産・育児休業等に関する否定的な言動の相手は制度利用する従業員に限らないとし、会社が設置するハラスメント相談窓口では、こうした相談にも対応しなければいけません。

否定的な言動はハラスメント発生の原因や背景となり得るとして、従業員に対し周知・啓発することを会社に義務づけています。もし同僚間での陰口の場面に出くわしたならば、それを止めなければいけませんし、間違っても経営層や管理職が陰口に加わるようなことがあってはいけません。

**③妊娠中の女性従業員に対して業務量について配慮した**

妊娠中の女性従業員が、通常の業務内容では大変そうにしているとき、たとえば「辛そうだから業務量を減らそうか？」などの言動は、基本的にはマタハラに該当しません。

逆に、誰の目から見ても本人の体調にはまったく問題がなく、本人も普段どおりの業務内容を望んでいるとしたら、その言動は「業務上の必要性に基づく言動」とはいえず、その程度によってはマタハラに該当してくるおそれがあります。

**④妊娠をきっかけに役職を解いた**

これマズイです。このような不利益取扱いは原則としてアウトです。原則アウトであることを理

## 【図表８　妊娠･出産等を契機とした不利益取扱い　原則と例外】

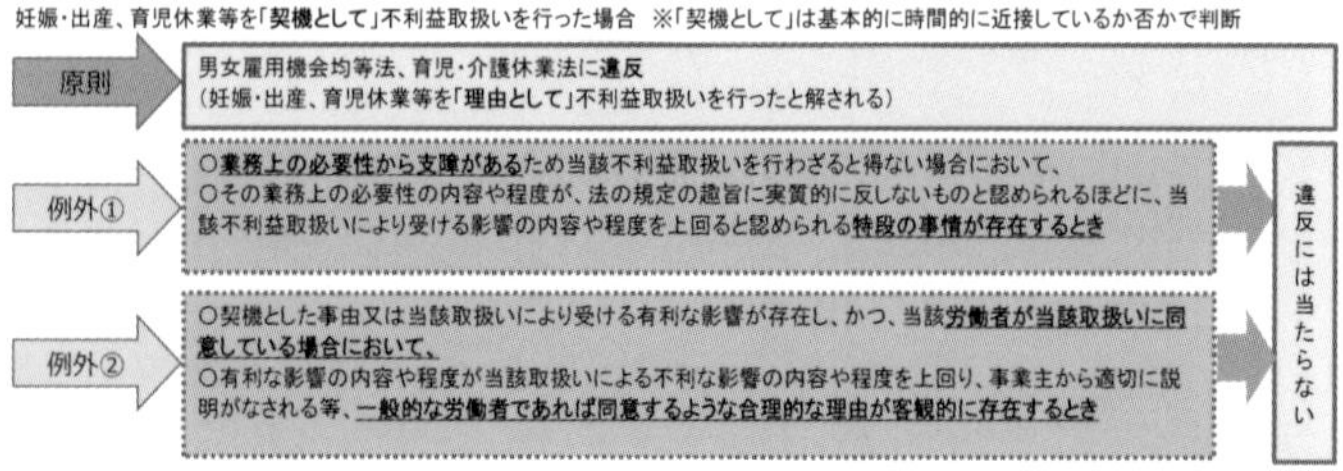

出所：「妊娠・出産等を理由とする不利益取扱いに関する解釈通達について」（厚生労働省）を元に作成

解したうえで、図表8のように2つの例外が厚生労働省の通達で示されています。これは、平成26年の最高裁判決により示されたポイントを通達として発出したものとなります。

少しややこしい言い回しなので、事例に沿って噛み砕いた表現をしますと、次のようになります。

例外①　役職をそのままにしておくと人員配置や指揮命令系統の問題など円滑な業務運営に支障が出る。そのような会社の事情で役職を解かざるを得ないという業務上の必要がある。役職を解くことにより本人の受ける不利益な影響と業務上の必要性を比較した場合、業務上の必要性のほうが上回っていることが明らかである。

例外②　役職を解くことについては、業務上のプレッシャーから解放されるなどのメリットがあり、本人もそのことを納得して同意した。本人にとってはメリットのほうがデメリットを上回っており、それらについて会社も適切な説明を行った。それらを総合すると、普通の労働者であればたしかに同意するだろうという内容である。

# 5　その他のハラスメント

## カスハラ対策で従業員を守る

カスハラとは、カスタマーハラスメント（顧客等からの著しい迷惑行為）のことです。怒鳴るなどの暴言、長時間の拘束、過度なクレームの繰り返しなど過剰な要求や不当な言いがかり（出所：「カスタマーハラスメント対策企業マニュアル」カスタマーハラスメント対策企業マニュアル作成事業検討委員会（厚生労働省委託事業））が当てはまります。客が店員に対して土下座を強要するなどの事件が報道されることもあり、社会的な問題となっています。

この根本の原因は、客も店員も「客のほうがエライ」という意識があることです。これは大きな勘違いであり、商品・サービスの提供と代金支払いという商取引そのものは対等な関係でありますから、どちらがエライということはありません。

会社は従業員の快適な就場環境を守る義務があります。カスハラを受ける従業員は疲弊し健康面にも影響し、これは会社にとって大変な損害となります。それに比べてカスハラ客がもたらす利益など微々たるものです。

目先の利益にとらわれず、「理不尽な要求には断固ＮＯ！」の基本姿勢を現場まで浸透させ、従業員を守らなければなりません。

## 近年増加　就活セクハラ

就活セクハラも社会問題となっています。これはセクシャルハラスメントの態様の1つですが、企業の人事担当者等による就職活動中の学生に対するセクハラであり、両者間における圧倒的な力関係のギャップの存在がその原因といえます。こちらも、しばしば事件として報道され、ひとたび世間の知るところとなりますと企業イメージへの影響は深刻なものとなります。

就活セクハラに該当するのは、面接等における性的な事実関係に関する質問や、私的な誘い等を拒否したことによる採用差別など、セクシャルハラスメントと同様の行為が就活生に対して行われる場合となります。

採用活動全般において就活生と接するシーンは、人事担当者が直接携わる説明会や採用面接以外にも、OB・OG訪問やインターンシップ中など多岐にわたりますので、何らかの形で採用活動に関わる人事部門以外の従業員に対しても周知・教育や注意喚起を行い、採用活動全般の責任を担う人事部門は就活セクハラの予防を徹底する必要があります。

## その他にも多くの「○○ハラスメント」が

昨今は、挙げ出したらキリがないくらい「○○ハラスメント」があります。

①モラルハラスメント……言葉や態度で精神面に攻撃

②アルコールハラスメント……飲み会への執拗な誘い

③ジェンダーハラスメント……男らしさ、女らしさの強要
④時短ハラスメント……無理な残業削減、ノー残業の強要
ほんの一例です。いずれにしても、従業員の就業環境が害されるハラスメントについては、会社が積極的に防止しなければなりません。また、行為の内容によってはパワハラ、セクハラ、マタハラに該当してきますので注意を払う必要があります。

## 6　ハラスメント防止に向けた社内ルールづくり

### 会社が雇用管理上講ずべき措置

パワハラ、セクハラ、マタハラに関して、各ハラスメント指針では、会社が講ずべき措置を次のとおり示しています。これらは法律上の義務となっていますので、会社はこれらの措置を必ず実施しなければなりません。

**①事業主の方針の明確化、その周知・啓発**

ア　ハラスメントの内容やハラスメントを行ってはならないという会社の方針を明確化して、従業員に周知・啓発する。マタハラについては、否定的な言動がハラスメントの発生原因となることや諸制度の利用ができることなども周知・啓発する。
イ　就業規則等にハラスメントの行為者については厳正に対処する旨の方針・対処の内容を定め、

従業員に周知・啓発する。

**②相談・苦情に応じ、適切に対応するために必要な体制の整備**

ウ　相談窓口を定めて従業員に周知する。

エ　相談窓口担当者が適切に対応できるようにし、ハラスメントに該当するかどうか微妙な場合についても広く相談対応する。

**③ハラスメントへの事後の迅速かつ適切な対応**

オ　事実関係を迅速かつ正確に把握する。

カ　被害者に対する配慮のための措置を速やかに適正に行う。

キ　行為者に対する措置を適正に行う。

ク　再発防止に向けた措置を講ずる。

**④あわせて講ずべき措置**

ケ　相談者・行為者等のプライバシーを保護するために必要な措置を講じ、周知する。

コ　相談したこと、事実関係の確認に協力したこと、都道府県労働局の援助制度の利用等を理由として解雇その他不利益な取扱いをされない旨を定め、従業員に周知・啓発する。

**⑤マタハラの原因や背景となる要因を解消するための措置**

サ　業務体制の整備など、従業員の実情に応じて必要な措置を講ずる。

※出所：セクハラ・パワハラ・マタハラの各指針を参考に作成。

## 就業規則に定めること

措置義務を踏まえ規定の整備が必要となりますが、就業規則等に定めるべき事項は次のとおりとなります。このとき、就業規則本則にハラスメントに関する定めを加えてもよいですが、より内容を充実させたハラスメント規程として独立させてもよいと思います。

①各ハラスメントの定義
②ハラスメントを許さないという基本方針
③禁止行為に関すること
④ハラスメント行為者には懲戒処分を行うこと
⑤相談窓口の設置に関すること
⑥相談への対応に関すること
⑦再発防止に関すること

また、各ハラスメント行為を懲戒の事由として列挙し、具体的行為ごとに懲戒処分の種類を定めておく必要があります。これにより、ハラスメント行為を行った従業員に対し懲戒処分をもって臨むことができる根拠となります。

## その他の措置

就業規則の周知義務に従って、ハラスメントについて定められた就業規則を適切に周知したとしても、ハラスメントに関する措置義務の実施としては不十分です。就業規則の周知はいつでも従業員が内容を確認できる状態にあることで足りますので、ハラスメントの各指針に示すような「周知・啓発」の義務を果たしたとまではいえないことになるのです。

したがって、ハラスメント規程の周知に加え、社内外に向けたポスターなどの掲示、リーフレットなど説明資料の配布、研修会や勉強会の実施などが必要であり、それにより従業員への周知・啓発の有効な取組となります。

特に管理職については、自身がハラスメント行為を行わないことはもちろん、部署内でハラスメント行為が疑われる場面に遭遇したときは止めなければいけませんし、また、部下からハラスメントに関する相談を受けた場合には一次対応しなければなりませんので、定期的な研修会等を通じて周知・啓発を徹底し知識や技術を習得させる必要があります。

## 7 ハラスメント事案が発生したら

### 相談者の意向を第一に

ハラスメント事案が発生したとき迅速に対応する必要があります。相談窓口が相談を受け付けたときのフローを図表9に示します。

事実関係の確認を行う際はプライバシーへの配慮が絶対条件であり、相談者の了解があったとし

## 【図表９　ハラスメント　相談・苦情への対応の流れの例】

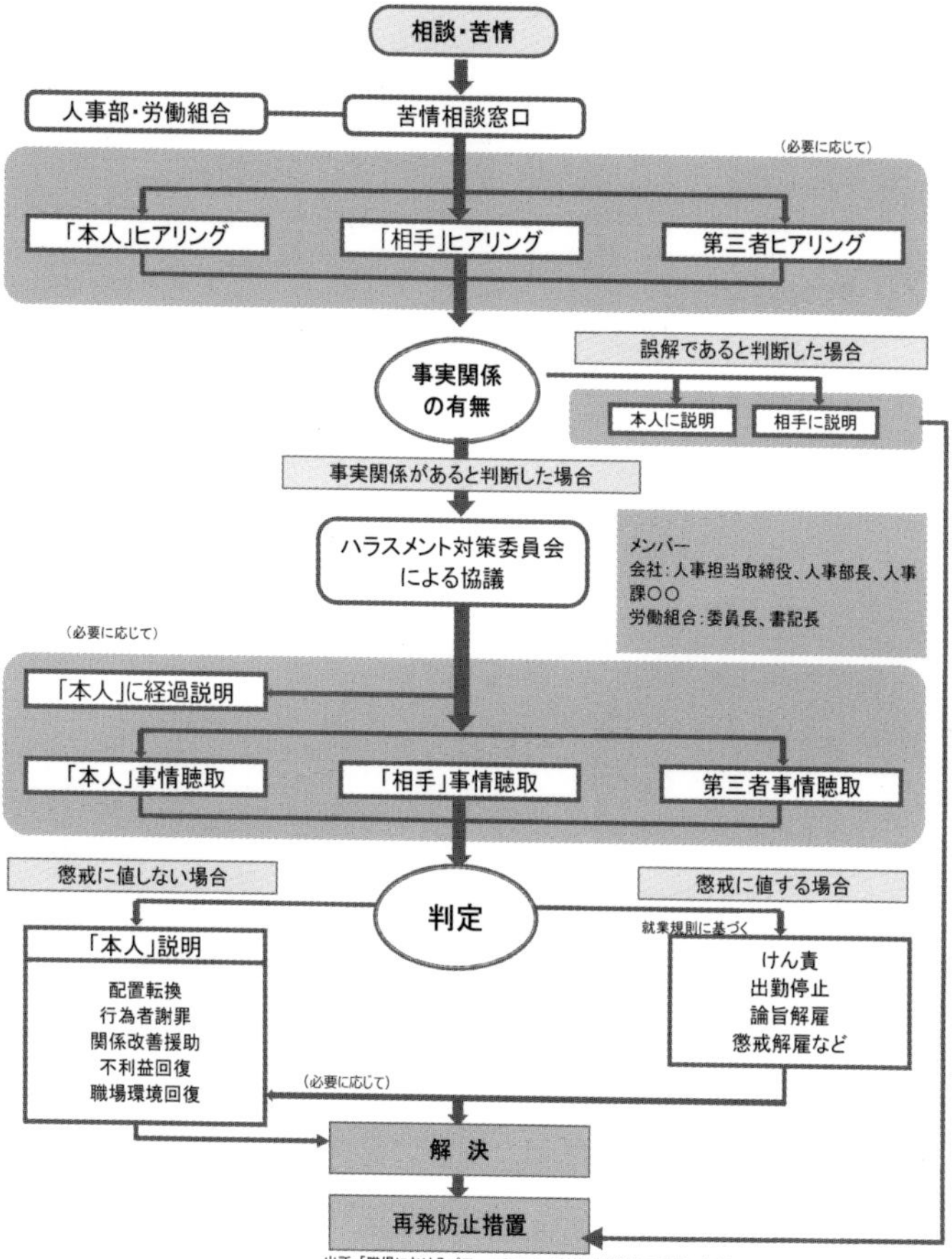

出所：「職場におけるパワーハラスメント対策が事業主の義務になりました！」（厚生労働省）を元に作成

ても、相談内容については慎重に扱う必要があります。事実確認の過程で、加害者とされる相手方および第三者からヒアリングすることになりますが、相談者の意向を十分に配慮したヒアリングを心掛ける必要があります。

なかには、話を聞いてもらうことだけを望み、事実関係の確認を含め相手方や第三者への接触を望まない相談者もいます。プライバシーが守られることや労働条件等について不利益な取扱いとはならないことを丁寧に説明したうえで、それでもなお相談者の意思が変わらないのであれば、その意向を尊重しなければなりません。

## どのように事実を認定するか

相談者と相手方の話が食い違うことがありますが、主張が真っ向から対立しているとしても事実の認定をあきらめるのではなく、客観的な資料や証言をもとに当事者の日頃の言動とあわせ、事実を明らかにしていかなければなりません。

事実関係の確認にあたっては、当事者や第三者へのヒアリングを中心に行っていくことになりますが、これらは担当者による単独での対応に限られるわけではありませんので、複数で対応することも考えられますし、弁護士などの外部専門家などを交えて対応することも考えられます。

また、事実の認定については、むしろ単独での判断は避けなければならず、複数での確認・検討が必要となります。会社にハラスメントに関する機関を設置することなども望ましく、組織として事実の認定までのプロセスを確立することが必要となります。

そうは言いましても、相談窓口担当者や会社による対応には限界もありますので、弁護士など外部専門家の協力をあおぐことはもちろん、悪質性が高く犯罪が疑われる場合には捜査機関への相談も必要となるでしょう。

## 管理職が個人的に相談を受けるケースも

セクハラなどがわかりやすいですが、ハラスメントは同僚間でも発生します。同一部署の同僚間におけるハラスメントの場合などは、部門長である管理職は当事者双方についての事情を察しており、メンバーもそのことを知っていることから相談を持ち込みやすく、その管理職が一次的な相談窓口としての役割を果たす場合があります。管理職にとってそれはメンバーからの信頼の証しであり喜ばしいことでもありますので、そのときは面倒なことを持ち込まれたなどと考えずに対応してほしいと思います。

対応にあたっては、相談者の気持ちに寄り添い、自身の価値観でジャッジせずに、相談窓口などの選択肢を提示し、けっして方針を押し付けることなく相談者の意向を大切にすること、などがポイントとなります。

ハラスメント被害の認識があっても相談できずにいるケースが多数あると言われています。相談窓口への相談はハードルが高くても、直属の上司になら相談できるという被害従業員もいますので、管理職による適切な対応への備えが大切となります。

後述するように、ハラスメントに関する管理職研修が重要です。この管理職研修ではハラスメントの基本から学ぶことになりますが、部下からの相談対応に向けたテクニカルな内容もカリキュラムの1つに盛り込むとよいでしょう。

## 事実が確認されたら

ハラスメントの事実が確認されたら、行為者に対しては処分が必要です。どの程度の処分とするかはそれぞれの事案ごとの判断となりますが、就業規則に定める基準と手続に従って厳正に対処しなければなりません。悪質性が高く犯罪に該当する行為や結果が重大であった行為に対しては重い処分とする必要があります。

また、行為者から被害従業員への謝罪、行為者と被害従業員を引き離すための配置転換なども必要となります。

さらに、被害従業員のメンタルヘルス不調が認められる場合には、そちらについても相談対応等の適切な措置が必要となります。

あわせて、再発を防止するための措置が必要となります。各ハラスメント指針では、社内報、パンフレット、社内ホームページなどに「ハラスメントを行ってはならない旨の方針」と「(ハラスメントに該当する) 言動を行った者について厳正に対処する旨の方針」を啓発するため、資料をあらためて掲載したり配布したりすることや、研修や講習等をあらためて実施することなどが定められています。

なお、ハラスメントとまではいえない事案についても、快適な職場環境の維持に対し問題となるような言動が確認されたならば、それは放置すべき事案ではなく指導・警告等の対応が必要です。

## 8　アンケート調査や管理職研修の重要性

### アンケート調査による実態把握

ハラスメント防止のため施策を検討するとき、アンケート調査による実態把握がその第一歩となります。従業員の声なき声を吸い上げ、社内におけるハラスメントの実態と組織の課題を正確に把握することで、実効性のある施策のイメージが見えてくるのです。

アンケート調査を実施する際、無記名であることは当然ですし、回答された個別の内容については担当部署や担当者限りとします。その一方で、社内全体の集計結果や傾向などについては、従業員との共有が必要となります。

質問の文言については配慮が必要です。選択項目と自由記入の項目とを設けますが、個人名の特定ができないよう配慮しなければなりません。自由記入欄に加害者・被害者などの個人名や具体的な部署名を書き込む回答者がいますが、アンケートの目的は実態把握であり個別事案についての情報提供ではありません。その点を明確にして回答してもらう必要があります。

## 管理職研修の重要性

アンケート調査では、特にパワーハラスメントに関する回答において、管理職と非管理職の間で認識に隔たりが表れます。

どの会社でも優秀な従業員を管理職に登用していますが、登用の判断基準の多くは担当業務に関する実績、知識、経験などとなります。もちろんそれは管理職に必要な能力でありますが、その場合、マネージャーとしての能力はどうでしょうか。

マネージャーは、部下に最高のパフォーマンスを発揮させチーム全体の成果を上げなければなりません。もし、管理職が自身の経験や価値観を基準にマネジメントしているとすれば、優秀なパフォーマーであっただけに、部下に対して見当違いな厳しさを求めかねず、パワハラを受けたと感じる者も出るかもしれません。

「契約とれるまで帰ってくるんじゃねえぞ！」

部下にこんなこと言っている管理職も1人や2人ではないでしょう。管理職向けハラスメント研修では、ハラスメントの定義や事例などとあわせ、アンケートの集計結果を踏まえ自社で現実に起こっていることなどについても盛り込み、違法性の高い理不尽な指揮命令の根絶を目指すものとなります。

# 第4章　メンタルヘルス

# 1　メンタルヘルスを正しく理解する

## 職場におけるメンタルヘルスの問題

従業員がメンタルヘルス不調となったとき、会社も従業員も大きな影響を受けます。従業員は遅刻が多くなったり休みがちになったりし、またミスを頻発したり事故を起こしたりし、周囲の従業員の負担は増え、会社は業務効率や生産性が低下し、会社全体の活力が下がります。

メンタルヘルス不調はストレスにより引き起こされます。仕事や私生活において外部からストレスが加えられ、それが個人個人のストレス耐性を超えたときメンタルヘルス不調となるのです。

職場にストレスは付きものです。仕事面ではノルマ、期限、業務量、クレームなど日々プレッシャーとの戦いですし、人が集まれば上司、同僚、顧客、取引先など人間関係で悩むことになります。業務遂行能力に優れていても、人間関係の構築が得意であっても、まったくストレスなく会社生活を送る従業員は皆無であり、程度の違いはあるものの、気分が落ち込んだり、悩んだり、ズル休みしたくなったりするものです。

ひと昔前であれば「気合と根性が足りねぇんだ！」などと一喝して終わらせてしまう上司もいましたが、いまやメンタルヘルス不調を訴える労働者の増加が社会問題となっており、それぞれの会社において解決を図っていかなければなりません。

## メンタルヘルス不調の予防

職場におけるメンタルヘルス不調の予防には、メンタルヘルスケアが適切に実施されることが大切です。

その実施にあたっては、メンタルヘルス不調の未然の防止（一次予防）、早期発見と適切な対応（二次予防）、対象従業員の職場復帰への支援（三次予防）が円滑に行われる必要があり、まずは会社における「心の健康づくり計画」を策定することが求められます。

厚生労働省の指針ではこの計画に盛り込む事項について、次のとおり案内しています（出所：「労働者の心の健康の保持増進のための指針」厚生労働省）。

①事業者がメンタルヘルスケアを積極的に推進する旨の表明に関すること
②事業場における心の健康づくりの体制の整備に関すること
③事業場における問題点の把握およびメンタルヘルスケアの実施に関すること
④メンタルヘルスケアを行うために必要な人材の確保および事業場外資源の活用に関すること
⑤労働者の健康情報の保護に関すること
⑥心の健康づくり計画の実施状況の評価および計画の見直しに関すること
⑦その他労働者の心の健康づくりに必要な措置に関すること

メンタルヘルスケアとは次の4つのケアであり、これらを継続的かつ計画的に実施されることが重要となります（出所：前掲指針）。

①セルフケア（労働者自身によるもの）
自らのストレスを予防・軽減する、あるいはこれに対処すること
②ラインによるケア（管理監督者によるもの）
労働者と日常的に接する管理監督者が、心の健康に関して職場環境等の改善や労働者に対する相談対応を行うこと。
③事業場内産業保健スタッフ等によるケア（産業医、衛生管理者、保健師等によるもの）
事業場内の産業医など事業場内産業保健スタッフ等が、事業場の心の健康づくり対策の提言を行うとともに、その推進を担い、また、労働者および管理監督者を支援すること
④事業場外資源によるケア（事業場外の機関や専門家によるもの）
事業場外の機関および専門家を活用し、その支援を受けること

従業員数が常時50人未満の事業場では衛生管理者や産業医の選任義務がありませんので、小規模な会社の多くは自社内での③の対応が困難であると思われます。この場合、自社において「セルフケア」や「ラインによるケア」を中心に実施し、③については地域産業保健センターからの支援を活用することを検討します。

メンタルヘルス不調を従業員が自身の力だけで克服するのは難しいです。メンタルヘルスに不安を覚えている従業員が、社内の相談窓口に限らず外部機関などでも相談できるような体制を整え、従業員に周知しておくことが会社には求められます。

## 2　私傷病なのか、それとも労災なのか

### 労災認定要件

メンタルヘルス不調を引き起こす原因となるストレスについては、業務上においても業務外の私生活においても存在します。

したがって、従業員がメンタルヘルス不調となったとき、「私傷病なのか、業務上の原因によるものなのか」という問題になります。

厚生労働省では「心理的負荷による精神障害の認定基準」（認定基準）を定めており、精神障害を発病した労働者の労災認定には次の要件に該当することが必要としています（出所：「精神障害の労災認定」厚生労働省）。

①認定基準の対象となる精神障害を発病していること（うつ病や急性ストレス反応など）

②認定基準の対象となる精神障害の発病前おおむね6か月の間に、業務による強い心理的負荷が認められること

③業務以外の心理的負荷や個体側要因により発病したとは認められないこと

これら①から③により業務起因性が判断されることになりますが、②にいう「強い心理的負荷」について、認定基準別添の「業務による心理的負荷評価表」（評価表）には、さまざまな具体例が

示されています。

発病前6か月の間にこの具体例に当てはまる出来事があれば、それぞれの出来事に対応する心理的負荷の「弱」「中」「強」を検討し、それが「強」と評価される場合に「業務による強い心理的負荷」があったということになるのです。

## パワーハラスメントと精神障害の関連性

被害従業員が精神障害を発病し、その直前6か月の間で職場におけるパワーハラスメントやいじめ・嫌がらせがあった場合に、心理的負荷が「強」となる具体例のポイントを、評価表では次のように示しています（出所：「心理的負荷による精神障害の労災認定基準の改正概要」厚生労働省）。

**①上司等からの、身体的攻撃、精神的攻撃等のパワーハラスメント**

ア　上司等から、治療を要する程度の暴行等の身体的攻撃を受けた場合
イ　上司等から、暴行等の身体的攻撃を執拗に受けた場合
ウ　上司等による、人格や人間性を否定するような、業務上明らかに必要性がない精神的攻撃が執拗に行われた場合
エ　心理的負荷としては「中」程度の精神的攻撃等を受け、会社に相談しても適切な対応がなく、改善されなかった場合

**②同僚等からの、暴行またはいじめ・嫌がらせ（パワーハラスメントに該当しないもの）**

オ　同僚等から、治療を要する程度の暴行等を受けた場合
カ　同僚等から、人格や人間性を否定するような言動を執拗に受けた場合

評価表には、パワーハラスメントだけでなくセクシャルハラスメントについても具体例が示されています。会社は職場におけるハラスメントを防止する義務を負っていますので、ハラスメントが起こらないよう積極的に対応する必要があり、ハラスメントに該当する言動やそれに類するものを防止することで、メンタルヘルス不調の原因の1つを職場から排除することになります。

## 長時間労働と精神障害の関連性

長時間労働は精神障害の発病につながることから、評価表には時間外労働との関係について示されています。心理的負荷が「強」と評価される「特別な出来事」の類型の1つに「極度の長時間労働」が示されており、具体例は次のものとなります。

①発病直前の1か月におおむね160時間を超えるような時間外労働を行った
②発病直前の3週間におおむね120時間以上の時間外労働を行った

また、「特別な出来事」には該当しないものの「出来事」としての長時間労働については、次のものが「強」と評価される具体例となります。

③発病直前の2か月間連続して1月あたりおおむね120時間以上の時間外労働を行った
④発病直前の3か月間連続して1月あたりおおむね100時間以上の時間外労働を行った

従業員が精神障害を発病したとき、①から④に該当していれば「業務による強い心理的負荷」があったと認められることになります。

もっとも、時間外労働上限規制の定めにより、一部の例外を除きこのような時間外労働をさせることはできませんが、管理職や裁量労働制・みなし労働時間制が適用される従業員などについては、実態の労働時間を把握し長時間労働とならないよう配慮する必要があります。

## 3　私傷病休暇と休職命令

### 休職とは業務命令

私傷病休暇とは、業務外の負傷・疾病により従業員が就労できないときに労務提供の義務を免除するものであり、「所定労働日に勤務しない」という意味では欠勤と同じなのですが、私傷病によるやむを得ないものを他の理由による欠勤と区別し、休暇として定めるものです。

一方、私傷病による休職とは、あらかじめ設定した私傷病休暇や欠勤の期間を経過してもなお労務不能である場合や、私傷病休暇を経なくても労務不能であることが明らかである場合に、一定期間の労務提供の義務を免除するものであり、これは会社による業務命令となります。

従業員の個人的な事情により労務提供の義務を果たせなくなった責任を追及して解雇や退職の問題とするのではなく、休職命令を発令することで、今しばらくの猶予を与え、その間は治療に専念するよう命じ、復職後の活躍を期待するものとなるわけです。

## メンタルヘルス不調の従業員には休職発令も

従業員にメンタルヘルス不調の兆候が見られ、休みがちであったり、簡単なミスをしたり出勤しても十分な労務の提供ができない状態であったりするとき、これを放置してそのまま就業させることは最もよくない対応です。

このような場合には、メンタルヘルスケアの活用やストレスチェックなどにより本人の状態を積極的に把握し、本人の話を傾聴し、医療機関の受診をすすめ、業務に関して医師の指示を仰ぐなどの対応が必要です。あわせて、業務負担の見直しを検討し、業務量を軽減したり労働時間を短縮したりするなど、ストレスが軽減されるよう配慮するようにします。

大規模な企業であれば十分な人員と万全なフォロー態勢によりこうした対応が可能なのでしょうが、中小企業など常にぎりぎりの人員で仕事を回している場合などは、他の従業員の負担増となることが避けられません。それは他の従業員のストレスとなりメンタルヘルス不調の連鎖となりかねませんので、できれば新たに人員を補充し、本人には治療に専念させたいところです。

医師の診断により一定期間の休業が必要と判断されれば、私傷病休暇を経ずに休職命令を発令することになります。もっとも、不調を自覚していながら受診を拒否する者もいますので、丁寧な説明が必要になります。受診拒否の場合には、休職命令がやむを得ないものであったことを後々確認できるよう、産業医の意見や職場内での本人の状態などを記録しておきます。

本人は休職命令にさまざまな不安を感じるものですので、これはけっして従業員を切り捨てるものではなく、治療に専念し早期の復職を期待するものであることを明らかにし、安心して休職に入ってもらいます。

## 4 就業規則に定めておくべきこと

### 休職期間中は無給とする

メンタルヘルス不調による休業は長期間に及ぶことが予想されます。この休業が業務上の原因と認定される場合は労働災害となり、従業員の収入に対する補償は一般に労災保険から支給されることになります。

一方、労災の認定基準に該当しない場合など業務外の原因によるメンタルヘルス不調により休業する場合は、私傷病を理由とする休職命令を発令することになります。通常、ノーワーク・ノーペイの原則により、不就労の期間は無給となりますので、就業規則ではその旨を明確にする必要があります。

ちなみに、この無給期間については健康保険による傷病手当金を受給することになりますが、労災保険と比較するとやや低い水準の給付となります。また、この休職期間中は社会保険料の免除がありませんので、普段は給与から控除している社会保険料の従業員負担分について、会社への支払方法や支払期限を定めます。

## 休職期間が断続する場合の通算

休職期間については、私傷病休暇の初日から通算するようにします。ですので、休職期間の限度についても、私傷病休暇の初日から起算した暦日とし、たとえば10月１日に私傷病休暇に入り休職期間の限度が２年であれば、翌々年の９月30日に満了することになります。また、勤続年数に応じて休職期間の限度に差を設けることは問題ありませんので、一般に勤続年数が長ければ休職期間の限度を長く設定します。

メンタルヘルス不調の従業員は、その時々の好不調により出勤と欠勤を交互に繰り返すこともありますので、休業が断続する場合の通算についてもルールを定めておく必要があります。また、休職からの復職後についても一定期間が経過する前に、同一事由により再度休職する場合については、別の休職期間とはせずに前後の期間を通算するようにします。

## その他の定め

そのほか就業規則に定めるべき事項としては、私傷病休暇の満了を待たずに休職発令できること、復職に関すること、医師の診断書の提出義務、会社と主治医の連携への従業員の協力、会社指定の産業医等の診断の必要、治癒の定義、休職期間中は退職金算定の勤続期間に不算入とすること、休職期間満了による自然退職、復職の可能性がない場合には休職発令の対象とならないことなどが考えられます。

## 5　復職にあたり気を付けたいこと

### 主治医は業務内容を知らないかも

メンタルヘルス不調により休職している従業員が主治医に対してどのように話しているのか会社は知ることができませんので、本人へのヒアリングや診断書から想像するしかありません。

復職の可否については一次的に主治医の診断書により検討することになりますが、診断書に職場復帰を可能とする記載がある場合でも、「主治医による診断書の内容は、（日常生活における）病状の回復程度によって職場復帰の可能性を判断していることが多く、それはただちにその職場で求められる業務遂行能力まで回復しているか否かの判断とは限らないことにも留意すべきである。また、労働者や家族の希望が含まれている場合もある」（出所：「心の健康問題により休業した労働者の職場復帰支援の手引き」厚生労働省）ので、主治医による診断書を鵜呑みにするのは妥当ではなく、会社の求める業務遂行能力について把握している産業医等の意見も確認すべきです。

また、本人の承諾を得たうえで、業務内容や業務遂行に必要な能力について、あらかじめ主治医

【図表10　事例　復帰直後の短時間勤務】

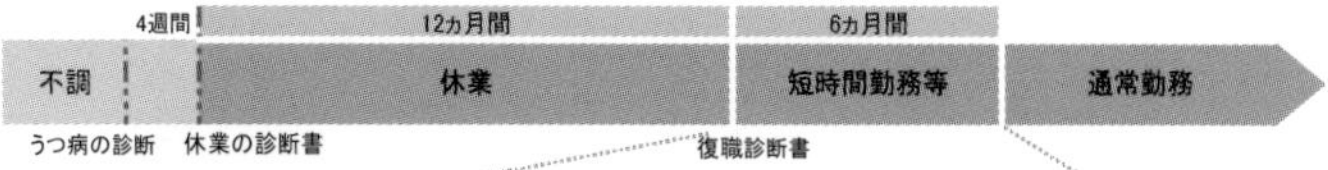


復帰後6ヵ月間の内訳

| 復職後の日数 | 1ヵ月目 | 2ヵ月目 | 3ヵ月目 | 4ヵ月目 | 5ヵ月目 | 6ヵ月目 |
|---|---|---|---|---|---|---|
| 労働時間 | 6時間 | | 8時間 | 8時間 | 8時間 | |
| 職務内容 | 内勤 | | 内勤 | 他の担当者と同行営業 | 単独営業 | |

出所：「心の健康問題により休業した労働者の職場復帰支援の手引き」（厚生労働省／独立行政法人労働者健康安全機構）を元に作成

に情報提供しておき、それを踏まえた就業の可否や必要な配慮について意見を求めることも検討すべきです。

## 職場復帰支援プランの作成

長期の休職期間を経て復職した従業員に対して、いきなり通常の業務量や質を求めるのは無理がありますので、産業医や主治医の意見を踏まえつつ、復職後の負担を軽減することが考えられます。図表10の事例は、職場復帰支援プランに基づき復職後6か月間を短時間勤務等とし、その過程で特段の問題がないことを確認し、それ以降を通常勤務としたものであります。

職場復帰支援プランとは、文字どおり「職場復帰を支援するための具体的プラン」であり、本人、事業場内産業保健スタッフ（産業医、保健師、衛生管理者等）、人事労務担当者、管理職などの間で連携して作成します。このとき、衛生推進者や衛生管理者が管理職へのサポートや外部機関との連絡調整などを担います。

職場復帰支援プランの作成にあたっては、職場復帰日はもちろん、復帰後の就業上の配慮や就業制限の見直しのタイミングなどを検討することになります。

## 6　診断書に記載された「配慮すること」の呪縛

### 職場における配慮

医師による診断書が提出されたとき、そこに「配慮すること」と記載されていた場合、その従業員に対する配慮の内容を検討しなければなりません。一般的には、業務の難易度や量の制限、対人業務の制限、危険な作業の制限、残業の制限や所定労働時間の短縮などが考えられますし、場合によっては職種の変更や勤務場所の変更なども有効なものとなります。

こうした制限を本人の状態を見ながら段階的に元へ戻していくことも大事な配慮となります。逆に、他の従業員との間に格差があることが本人の負担となる場合も考えられますので、産業医や主治医と相談のうえ本人にとって最適な方法を慎重に検討していくことになります。

### 「がんばれ」はＮＧですか

うつ病の疑いのある従業員には「がんばれ」がよくないと聞きます。ただ、上司や同僚間の「がんばれ」がＮＧである職場環境というのは想像しづらいです。営業マン生活の長かった筆者にとっては、「がんばれ」を聞かなかった日はないくらいですし、これはどの職場においても似たり寄ったりでしょう。

業務内容自体の配慮に限らず、このような言い回しにまで配慮の必要があるということになりますと、指示の出し方やミスに対する注意の方法、同僚間の雑談から昼食等への誘い方に至るまで、あらゆるシーンにおいて気を配らなければならないのかということになり、業務面における負担増と相まって周囲のストレスがますます大きくなり、他の従業員への悪影響が懸念されることになります。また、周囲の従業員のみならず社内外すべての人に配慮を求めることは実質不可能であり企業活動にも大きく影響してきます。

もし、その従業員が「がんばれ」に反応してしまうのであれば、復職が早すぎたのかもしれません。引き続き治療に専念すべきでしょう。もちろん、接し方については一定の配慮が必要であることを理解したうえで、それが職場としての許容を超えるのであれば、きちんと治癒してからの復帰を求めることを検討しなければなりません。

## 7　リハビリ出勤を制度化する

### リハビリ出勤とは

職場復帰の決定前にリハビリ出勤を実施することで、会社はその従業員が職場復帰に問題なさそうな状態であるかについて確認できますし、本人は就業に関する不安を和らげ、職場における自分

【図表11　リハビリ出勤例】

| |
|---|
| ①模擬出勤 |
| 勤務時間と同様の時間帯にデイケアなどで模擬的な軽作業を行ったり、図書館などで時間を過ごす |
| ②通勤訓練 |
| 自宅から勤務職場の近くまで通勤経路で移動し、職場付近で一定時間過ごした後に帰宅する |
| ③試し出勤 |
| 職場復帰の判断等を目的として、本来の職場などに試験的に一定期間継続して出勤する |

出所：「心の健康問題により休業した労働者の職場復帰支援の手引き」
（厚生労働省/独立行政法人労働者健康安全機構）より抜粋

自身の状態を確認することで復職に向けた気持ちの準備をすることができます。

リハビリ出勤の方法については、図表11のように3つのパターンがあります。「模擬出勤」や「通勤訓練」は仮想的な通勤や出勤であり、「試し出勤」は実際に職場まで出社して時間を過ごしたり作業したりします。

具体的には、身の回りの整理や読書などに限定したり軽い作業を用意したり、本人次第で通常業務に近い作業を試してみたり、時間についても2時間や3時間の短い時間数から徐々に増やしていくなど、主治医や産業医の意見を踏まえ本人と決めていきます。

また、一度決めた方針や内容に固定するのではなく、本人の変化に合わせ臨機応変な対応をします。

## リハビリ出勤は原則として賃金不要

休職期間中のリハビリ出勤の場合、在社時間や作業に対する賃金支払いの必要について、リハビリ出勤の主な目的は職場環境等に慣れることにあり、あくまでも回復に向けたリハビリテーションの一環ですので、本来、従業員が自らの責任において就労に耐え得るよう体調を整える必要があるところ、会社がその補助として場所・作業・時間を提供しているに過ぎず、その従業員を指揮命令下で労働させているわけではありませんので、原則として賃金支払いの必要はありません。

リハビリ出勤について就業規則等に定め、その間は無給であることや、実施するかしないかは従業員の自由であることを明確にしておくとよいです。

ただし、上司が作業の具体的指示を出すなどすると、それは労働となり賃金支払いが必要となる場合がありますので、リハビリ出勤にあたっては関係者間で留意点等を確認したうえで実施するとよいでしょう。逆に、任意で手当等を支給することも可能です。この場合もやはり就業規則等により、支給基準を明確に定めることで会社の制度としてルールを確立することになります。

また、労働にはあたらないことから作業中や自宅から職場までの移動中の負傷等については労働災害や通勤災害とはなりませんし、復職したわけでもないので休職期間の継続中であることに変わりありません。

## 8　職場復帰できない場合は自然退職も

### 復職希望とのギャップ

休職期間の期限や低額の傷病手当金による生活の支障など、休職中の従業員には早期復職への焦りがあります。このとき、本人が復職を希望し、医師もまた復職を指示しているのであれば、診断書に相当の制限が付されていた場合であっても、会社は復職を命じなければならないのでしょうか。

この点について、その従業員が休職前の業務は困難だったとしても配置転換等によりこなし得る業務があるのならば復職させるべきですし、そうした配慮は必要です。

ただ、企業規模などにより配転等の限界はあります。診断書に記載された制限内容は、その制限を守って就労させるよう会社を拘束するものではなく、その制限を守りながら遂行し得る業務があるのかないのかなど、復職の可否を判断するための資料の1つということになります。

## 休職期間満了しても職場復帰できない

休職期間が満了してもなお職場復帰できない状態である場合には、解雇または退職の問題となります。これは、従業員の労務提供義務違反に対して、休職制度により解雇等を猶予してきたわけですが、休職制度は職場復帰を前提にするものであり、会社としてはいつまでも待つわけにはいきません。したがって、あらかじめ定めた期間の満了により猶予を終わらせることになるのです。

この場合、解雇または退職での対応となりますが、休職期間の満了による退職であれば明確な契約終了日の到来による自動退職であり、解雇予告の必要もなく、トラブルを避けやすく一般的な扱いとなります。

このとき就業規則の退職事由には、「休職期間が満了し復職しないとき」などと定めておくことになります。

# 第５章　福利厚生

# 1　福利厚生とは何か

## 福利厚生の位置づけ

会社と従業員が労働契約を締結したとき、会社には労働の対償としての賃金を支払う義務が、従業員には労働を提供する義務が、それぞれ発生します。

福利厚生とは、そうした労働契約上の会社の基本的義務である賃金支払い以外の部分で、従業員に対して提供する報酬やサービスの総称となります。

## 法定福利と法定外福利

福利厚生は、大きく分けると法定福利と法定外福利に分類されます。

### ①法定福利

労働保険および社会保険が該当します。労働保険には労働者災害補償保険と雇用保険があり、社会保険には健康保険、介護保険、厚生年金保険があります。その他、子ども・子育て拠出金が法定福利に該当します。

法定福利は法律で定められた義務となりますので、要件を満たしたならば必ず適用しなければならないものとなります。

**②法定外福利**

法律上義務づけられているわけではなく各社が独自に設けている制度などが該当します。おおまかに、住宅関連、食事関連、特別休暇、自己啓発、交通費、慶弔見舞、医療保健関連、財産形成、文化・体育・余暇関連などとなります。

## 2　労働保険・社会保険の基礎知識

**労働保険・社会保険とは**

労働保険とは労働者災害補償保険（労災保険）と雇用保険のことをいい、社会保険とは健康保険（介護保険を含む）と厚生年金保険のことをいいます。従業員を雇い入れるとき、雇用保険および社会保険の加入要件を満たしている従業員であれば、入社と同時にそれらの資格取得となります。

雇用保険では週20時間以上の、社会保険であれば週20時間以上や週30時間以上などの所定労働時間数その他の加入要件があるわけですが、それらの細かい条件についてはハローワークや日本年金機構の資料を確認していただくとして、ここではトラブルに発展しそうなケースを検討します。

**労災保険：週１日の労働条件でも必要**

労災保険は、従業員を１人でも雇い入れたとき、一部の例外を除き、その事業所の労災保険が法律上成立し、会社には労災保険料を納付する義務が生じます。これは届出の有無に関係なく成立しますので、労災保険の届出とは「保険関係がすでに成立していることについての届出」という意味であり、届出することにより保険関係が成立するのではありません。

アルバイトなど雇用保険や社会保険の加入要件に満たないような短時間勤務での雇入れの場合に、この労災保険についての届出を怠ることがあり、それに伴い労災保険料の納付漏れが生じている場合があります。

そのままの状態で業務災害が発生したりしますと、会社の費用負担が大変なことになります。従業員を1人でも雇い入れた場合は、その労働条件がたとえ週1日であったとしても労災保険に加入しなければならず、手続漏れは許されません。

## 雇用保険：離職票は短期の在職期間でも交付すると親切

離職票は、離職証明書を会社が作成しハローワークへ届出することにより、離職者へ交付されます。離職者が59歳以上である場合は、離職証明書の届出が会社に義務づけられますが、それ以外の離職者が希望しないときは、資格喪失手続の際の離職証明書の添付が不要となり、実質的には作成しないことになります。

離職者にとって離職票が必要となるのは、たいていは基本手当（いわゆる失業手当）を受給するときとなります。この失業手当は、自己都合退職の場合1年以上の勤続期間がなければ受給できませんので、入社から1年未満の短期間で離職する場合には「離職票不要」と離職者から申告されることがあります。

ところが、一定の場合には２以上の離職票を通算することができますので、前の会社の離職票との通算により失業手当の受給資格を満たすことがあり、それに該当した離職者から忘れた頃に交付依頼がくることもありますので、離職のときに交付を済ませておいたほうが二度手間とならずに済みます。

**社会保険：従業員の扶養家族に注意**

従業員の配偶者などを社会保険の扶養家族とするためには年収１３０万円未満との条件があり、たしかにそれはそのとおりなのですが、その数字がひとり歩きしているところがあります。

従業員の社会保険加入義務は、企業規模（令和６年10月から被保険者数51人以上の規模）により、所定労働時間数については週20時間以上、月額賃金については８・８万円以上（つまり年収約１０６万円以上）で満たすことになります。

たとえば、A社従業員Xの妻Yが、B社（正社員５００人）においてパートタイムとして「週20時間・月収10万円」で働いている場合にはどうなるでしょう。この場合、YはB社において社会保険加入義務のある労働条件で働いているので、必ずB社で加入しなければなりません。そして、社会保険の被保険者本人となる者は、たとえ年収１３０万円未満であっても、扶養家族となることができません。したがって、ＹはＸの扶養家族となることができません。

ところが、年収１３０万円未満なのでＸの扶養家族となるか、Ｂ社の社会保険に加入するかを選択できると思い違いしている場合があります。Ａ社およびＢ社において適切な運用がなされていれば問題ありませんが、もし、ＹがＢ社に対して「夫の扶養家族になっているから社会保険には加入しない」などと申出を行い、Ｂ社担当が誤った認識により社会保険に加入させず放置し、後年の定期調査等で発覚した場合にどのようなことが起こり得るかを考えてみます。

①Ｙは、加入条件を満たしていた時点までさかのぼって社会保険に加入しなければならない

②Ｂ社およびＹの負担すべき社会保険料について、時効消滅した期間分を除き、さかのぼって支払義務が発生する

③Ｘは、ＹがＸの扶養家族としての健康保険証で医療機関等にかかった療養給付等について、Ａ社加入の健保組合に返金する必要がある

④Ｙは、Ｂ社加入の健保組合にＡ健保へ返金した療養費等を請求する

療養給付等の医療費については、Ａ健保に返金しＢ健保から取り戻しますから、一時的な自腹負担があるものの最終的には概ねプラスマイナスゼロとなりますが、社会保険料については単純に追加される負担ですから、会社にとっても従業員にとっても大きな負担増となります。そして、それに加えて気の遠くなるような手続面での作業量が予想されます。

ですから、従業員の扶養家族の状況には注意が必要です。

# 3　さまざまな休暇制度

## 特別休暇とは

休暇とは、所定労働日に与える休業日のことです。つまり、労働契約に従って労働しなければならない日について、労働の義務を免除するということです。一方、休日とは、もともと労働の義務のない休みの日のことであり、休暇と休日にはその違いがあります。

年次有給休暇、産前産後休業、育児休業、介護休業、生理休暇など法令により定められた休暇のほか、各社において独自にさまざまな休暇制度（特別休暇）を設けています。これには、慶弔休暇、私傷病休暇、誕生日休暇、記念日休暇、自己啓発休暇、リフレッシュ休暇、ボランティア休暇、裁判員休暇などがあります。

## 特別休暇は単なる福利厚生ではない

特別休暇についてはすべて無給としても問題ありませんが、休暇の趣旨によっては有給として、従業員に休暇制度を積極的に利用してもらいます。

たとえば、自己啓発休暇などは、業務に直接の関連のない知識や技術の習得のための休暇取得ですが、従業員の一般的な能力向上につながり直接的にも間接的にも会社への貢献を期待することができます。

また、ボランティア休暇などは、従業員による社会貢献を通じて企業イメージの向上につながります。もちろん、そのような動機でボランティアを参加させるわけではありませんが、有給とすることで多くの従業員が休暇利用することになり、結果として会社のイメージや姿勢が評価されることになります。

そのほかリフレッシュ休暇などは、1週間程度のまとまった休みを取得することで会社や仕事から完全に解放され、文字どおり心身共にリフレッシュして休暇明けからの活躍を期待するものになります。

こうした特別休暇制度については、単なる福利厚生という位置づけではなく、いまや人材活用の一環として人事戦略上の重要な施策となっています。

## 4 慶弔・災害見舞金制度

### 慶弔・災害見舞金の種類

法定外福利の1つである慶弔・災害見舞金の支給については、特に法令上の義務があるわけではありません。慶弔とは結婚、出産などの慶事と葬儀などの弔事のこと、そして災害とは火災、台風、豪雨、地震などにより被災することであり、これらの事由に該当したときに慶弔・災害見舞金の支給対象とします。

こうした制度の導入は、従業員満足度やロイヤルティー（忠誠心、帰属意識）を向上させ、モチベーションのアップを図り、その結果として業績や生産性の向上、離職率の低下などを目的とするものであり、次のようなものが一般的に設けられています。

①結婚祝金　本人の結婚
②出産祝金　本人・配偶者の出産
③死亡弔慰金　本人、配偶者、本人の子・父母の死亡
④傷病見舞金　本人の負傷疾病による入院
⑤災害見舞金　本人の住居の被災

金額や支給要件などについては各社において自由に定めています。たとえば、結婚祝金については、支給を1回限りとしている場合もあれば、在籍中に結婚・離婚・再婚したとき2度目の支給を認めている場合もあります。

また、従業員同士の結婚に対しては、どちらか一方への支給に留める場合もあれば、双方への支給としている場合もあります。

死亡弔慰金については、家族の範囲を本人、配偶者、本人の子・父母に限る場合もあれば、配偶者の父母や本人の祖父母・兄弟姉妹まで含める場合などもあります。

### 就業規則等で明確に定めること

慶弔・災害見舞金は福利厚生の一環としての支給であり、労働の対償としての賃金ではありませんので、会社が法令上の支給義務を負っているわけではありません。しかし、だからといって何の基準もなく経営者がその時々の気分で支給を決めてよいことにはなりません。制度を設けた場合には、就業規則等で明確な支給基準を定める必要があり、そのルールに則って支給する労働契約上の義務を会社が負うことになります。

ちなみに、慶弔・災害見舞金の定めは、就業規則の福利厚生のパートに設けるものであり、賃金規程に設けるものではないことに留意する必要があります。

## 5　その他の福利厚生

### 住宅関連の福利厚生

社宅や独身寮を貸与する会社は多く、これについては男女従業員を平等に扱わなければなりません。当たり前のことなのですが、実際の運用面で男女の不平等が残されている場合があり、自社の状況をあらためて確認する必要があります。

たとえば、社宅の貸与を受けることができる従業員を「世帯主に限る」としている場合に、それだけであれば問題ありませんが、入居できる基準が男女従業員で違いがあったり、入居基準には違いがなかったとしても、世帯主の決定にあたり、女性従業員にのみ世帯主であることの証明や配偶者である夫の収入を証明する書面の提出を求めたりしているならばＮＧです。

また、いまだに「妻帯者に限る」などの前近代的な定めが残っている場合もあり、これでは男性従業員のみが入居申込できることになり女性従業員を除外する定めとなります。いずれも直ちに修正しなければなりません。

独身寮についても同様であり、男性従業員のみが入居できる独身寮の制度ではＮＧです。女性従業員も入居できるようにするか、別棟を用意するか、住宅を借り上げるかして、「住宅の貸与」の措置ができるようにしなければなりません。

独身寮の貸与に替えて賃金面で住宅手当を支給したとしても、これは「住宅の貸与」の代替措置とは認められませんので、男女雇用機会均等法に違反することになります。

## 自己啓発

資格や技術の修得や留学など、自己啓発に要する費用を貸与したり一部負担したりする支援制度を、会社の福利厚生として設ける場合があります。このとき、一定期間の継続勤務により返済を免除する場合があり、逆にその期間を経過する前に自己都合で早期退職する場合には返済を必要とする定めとなっていることがあります。そうしたルールに従って早期退職の場合の返済を合意していたとしても、いざ返済を求めたときに抵抗されることがあります。

この点について、業務との関連が強いものであれば、そもそも会社が費用負担しなければならず、一定期間経過前の退職の場合の返済合意は、早期退職に対してペナルティーを科す約束と同じことであり、労働関係を不当に拘束するものとしてＮＧです。

業務性がない場合は、研修等の費用は会社が負担する必要のないものであり、会社と従業員のどちらが負担するかについては合意により決まるので、労働基準法違反となる余地はなく、単なる金銭消費貸借契約による返済として認められることになります。

## 6　パートさんにも適用していますか？

### 同一労働同一賃金の観点から

同一労働同一賃金とは「同じ労働であれば同じ賃金を」というのがストレートな表現になりますが、これは賃金に限らず待遇全般について要求されます。

同一労働同一賃金ガイドラインでは、福利厚生施設の利用、慶弔休暇、教育訓練について、正社員（無期雇用フルタイム）と、パートタイム（短時間労働者）および契約社員（有期雇用労働者）との間で不合理な待遇差があってはならないとしています。

## 福利厚生施設の利用

福利厚生施設とは、更衣室、食堂、休憩室のことです。これらの利用について「正社員とパートタイム」および「正社員と契約社員」の間で差を設けてはならないということです。

間違っても、「パートさんは更衣室を利用できないので自宅から作業服を着用して出勤してください」とか「食堂は正社員専用なので昼食時は外食してきてください」などのルールを設けてはいけません。

## 慶弔休暇

慶弔休暇については、正社員と同一の付与を行う必要があります。たとえば、親が亡くなった場合に正社員に対しては5日間の休暇を与え、正社員と同じく月曜から金曜までフルタイムで働く契約社員に対しては3日間しか休暇を与えないという定めになっているのであれば、これは同一労働同一賃金の原則に反する不合理な待遇差であるといえます。

ただし、たとえば、週2日勤務のパートタイムに対しては、休暇付与ではなく勤務日の振替での対応を基本とし、振替が困難な場合のみ慶弔休暇を別途付与する取扱いについては問題とならないと、同一労働同一賃金ガイドラインにて例示しています（出所：「短時間・有期雇用労働者及び派遣労働者に対する不合理な待遇の禁止等に関する指針」平成30年厚生労働省告示４３０号）。

### 教育訓練

職務に関連した必要な技能や知識を習得するために実施する研修などは、正社員と同じように受けさせなければなりません。同一の職務内容を担当しているのであれば、同一の教育訓練であり、職務内容に違いがあるのであれば、その違いに応じた教育訓練を受けさせなければならないということです。

また、研修等の時間や費用についても、正社員には労働時間内に会社の費用負担で研修を受けさせ、同じ職務内容を担当するパートタイムには、「休日に自己負担で勉強しておいてください」というのはＮＧとなります。

## 7　仕事と育児・介護との両立支援は社会的要請

### 男性従業員への育児休業促進は至上命令

男性労働者の育児休業取得率は令和３年度に13・97％（出所：「雇用均等基本調査」厚生労働省）であり、かつてのような一桁台で推移していた頃よりは改善しつつあるものの、まだまだ低い水準であるといえます。

育児休業取得率の算出方法は、分子については「育児休業を開始した者（開始予定の申出をしている者を含む）」の人数ですので、１日でも育児休業として休みをとったならば、取得率のプラス方向に反映されることになります。そのうえでこの数値ですから、各社ともより一層、男性労働者の育児休業取得率向上に向けて取り組む必要があります。

そもそも男性労働者の育児休業取得率の低迷は、企業の姿勢にも問題がありました。かつて会社が男性従業員に求めていた働き方は、朝から夜遅くまで残業も当たり前、時には休日出勤を命じ、年次有給休暇を取得することは同僚に迷惑をかける悪事で「オレは入社以来、有給休暇なんて1日もとったことねぇよ」が自慢であり、文句も言わず24時間働いてくれることでした。

1日は24時間しかないのですから、24時間働いていたら物理的にも男性従業員が育児参加できるわけがなかったのです。

## 育児休業：従業員への周知は制度内容だけでは足りない

自社において育児休業取得を促進するためには、休業についての制度内容を従業員に周知することは当然ですが、実際に休業取得する際の社内手続についても周知しなければなりません。

どの部署に対して、どの様式を使用して、どのように申出を行えばよいのか。直属の上司経由なのか直接人事部門への提出なのか。様式の保管場所は、記入方法は、紙ベースでの申出なのか、社内ネットでの申出なのか。

このように実際に休業取得のタイミングになったとき逐一戸惑うことになり、それが休業取得の躊躇につながっては元も子もありませんので、あらかじめマニュアルや記入例等を備えておけば利

【図表12　育児休業申出書の様式】

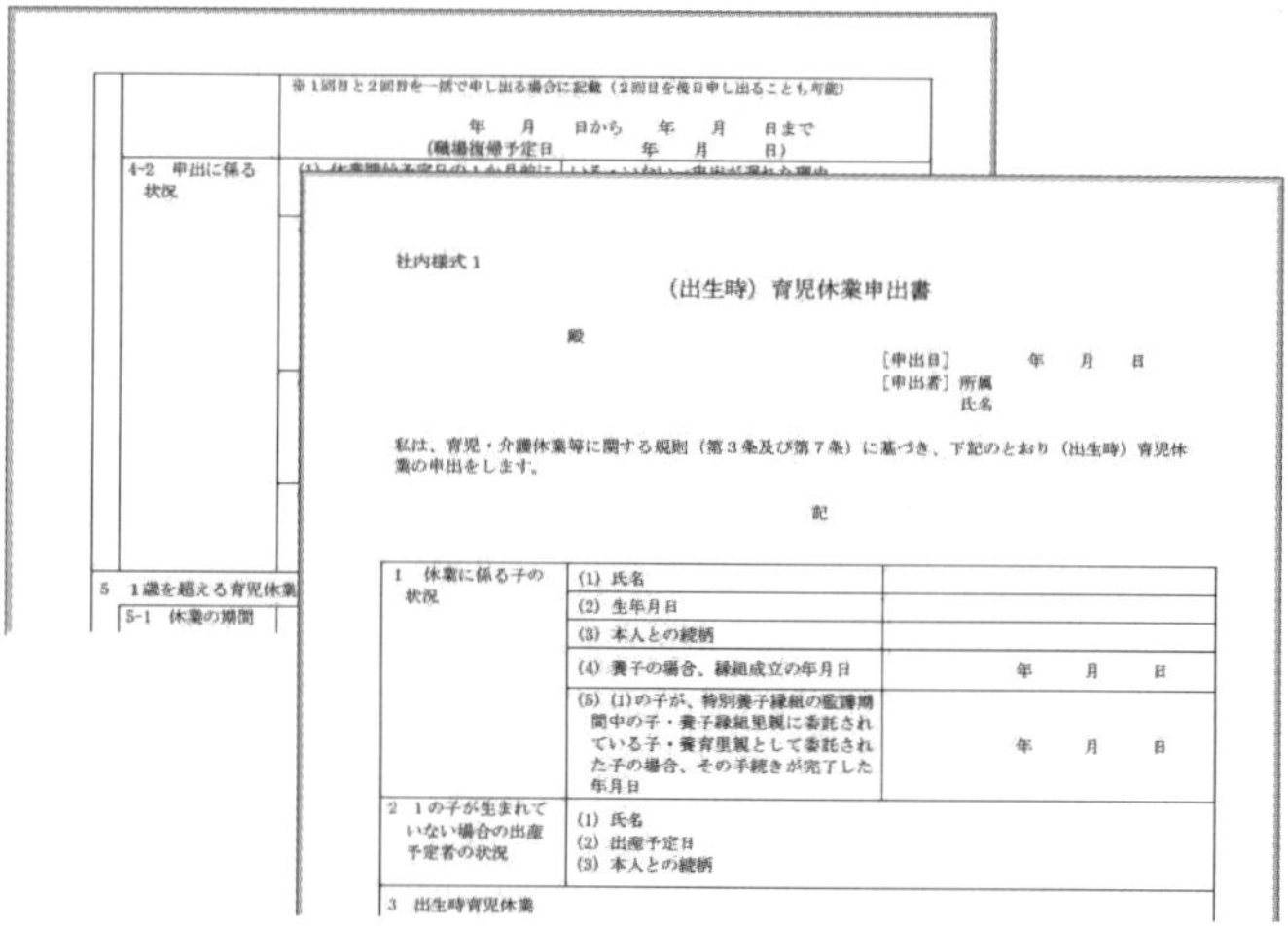
※１回目と２回目を一括で申し出る場合に記載（２回目を後日申し出ることも可能）
年　月　日から　年　月　日まで
（職場復帰予定日　年　月　日）
4-2　申出に係る状況
5　１歳を超える育児休業
5-1　休業の期間

社内様式１

（出生時）育児休業申出書

殿

［申出日］　年　月　日
［申出者］所属
氏名

私は、育児・介護休業等に関する規則（第３条及び第７条）に基づき、下記のとおり（出生時）育児休業の申出をします。

記

| | | |
|---|---|---|
| １　休業に係る子の状況 | (1) 氏名 | |
| | (2) 生年月日 | |
| | (3) 本人との続柄 | |
| | (4) 養子の場合、縁組成立の年月日 | 年　月　日 |
| | (5) (1)の子が、特別養子縁組の監護期間中の子・養子縁組里親に委託されている子・養育里親として委託された子の場合、その手続きが完了した年月日 | 年　月　日 |
| ２　１の子が生まれていない場合の出産予定者の状況 | (1) 氏名<br>(2) 出産予定日<br>(3) 本人との続柄 | |
| ３　出生時育児休業 | | |

出所：「社内様式例」（厚生労働省）を抜粋

便性が高くなります。

図表12のように、厚生労働省では各種の申請様式例をアップしています。しかもｗｏｒｄ版で公開していますので、各社に合わせて編集し利用することができます。

## 育児休業：個別周知と意向確認の義務

育児・介護休業法により、女性従業員自身や男性従業員であれば配偶者の妊娠が判明したことについて、従業員本人から会社へ報告があった際には、会社は育児休業や短時間勤務制度などの諸制度について個々の従業員本人に対して周知する義務があり、あわせて休業の取得予定について従業員本人の意向を確認することが義務づけられています。

この個別周知・意向確認においては、取得を控えさえるような言動は厳禁です。威圧したり、不利益をほのめかしたり、休業取得の前例がないなどと強調したりしてはいけません。こうした言動があった場合、企業に義務づけられた措置の実施と認められませんので、意向確認を担当するのが人事担当者である場合はともかく、たとえば部門長など直属の上司が担当する場合は注意する必要があります。

## 仕事と介護の両立は待ったなしの状況

２０２５年問題では、いわゆる〝団塊の世代〟が全員75歳以上となることから、何らかの介護を必要とする高年齢者の人数が大幅に増加することが予想されています。

家族介護は突然やってきます。たとえば、高齢の親が転倒して骨折し、その後寝たきりになってしまったケース。会社は仕事と介護の両立支援について従業員に周知していない状態にあるとしたら、その従業員は法の保護や正当な権利を認識しないまま通常の勤務をこなし、さらに家族介護を担うことになるのです。上司や同僚に何も相談できずに、ある日限界がやってきて、その従業員は離職することを決断するのです。

縁あって入社し年月をかけて貴重な戦力となった従業員を家族介護で手放すことになれば、会社にとって大きな損失です。そうした介護離職者数は全国で約９万９０００人（出所：「平成29年就業構造基本調査」総務省）にものぼり、どの会社にもあり得る事態となっています。

## 介護休業は家族介護するための休業期間ではない

介護休業は家族を介護するための休業期間と考えて休業取得する従業員が多いですが、介護休業として取得できる日数は対象家族1人につき「3回まで合計日数93日」の取得が上限となります。

家族介護は育児と異なり先の見通しはわかりませんし、作業負担についても重くなることはあっても軽くなることは滅多にありません。今後何年続くかわからない家族介護そのものを行うための期間が93日間では、あまりにも短いといえます。

では介護休業とは何のための期間かといいますと、それは次に挙げる作業などを行うための期間であると考えられています。

①市区町村等の自治体への相談
②地域包括支援センターへの相談
③要介護認定の申請、訪問調査対応
④ケアマネージャーとの相談、ケアプラン作成などの打合せ
⑤介護施設の見学、介護サービスの手配
⑥家族間における介護の分担についての打合せ

少子高齢化に伴い高齢者1人あたりの現役世代の人数が急速に減少しています。65歳以上を高齢者と定義しますと、高度成長期のように8～9人の現役世代で1人の高齢者を支えていた時代は歴史の教科書に載るような遠い昔の話であり、昨今では2人の現役世代で支えなければなりません。

現役世代は働き手として外で給料を稼ぎ、同時に介護の担い手として家族介護にあたることになり、どんなに強靭な気力・体力の持ち主であったとしても限界はすぐにやってきます。

ですから、いまや身内だけで家族介護を担うのではなく、社会全体で担わなければならない時代となっているのです。

そこで、家族介護に直面した労働者は介護休業を利用し、ケアマネージャーや関係各所との相談・打合せなどを通じて、以降長期間にわたり続くであろう仕事と家族介護の両立を図るための段取りや調整を行うのです。

介護休業とはそのような期間であるということを、会社も従業員も理解しなければならず、会社は雇用を維持するため、積極的に従業員へ情報提供していく必要があるのです。

## お互いさまの職場風土の醸成

育児および介護に関しては休業以外にも、子の看護休暇、介護休暇、所定外労働の制限、時間外労働・深夜業の制限、所定労働時間の短縮などの両立制度が、従業員に認められています。

会社は、諸制度について従業員へ周知することはもちろん、いざというときに両立制度を利用できるよう職場環境を整えておかなければなりません。具体的に制度利用者が出ましたら、厚生労働省で用意している復帰支援面談シートや両立支援面談シートを活用し、制度利用への不安を解消します。

【図表13　日本の人口の推移】

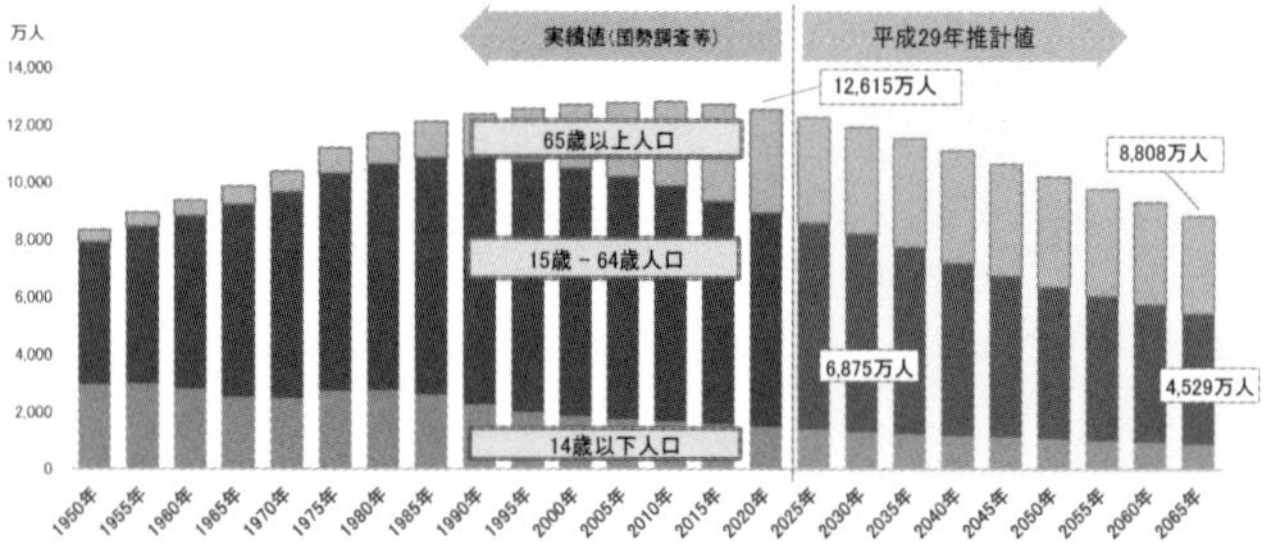


出所:「我が国の人口について」(厚生労働省HP)を元に作成

育児・介護休業規程など就業規則の定めについては、常に最新の法令に準拠した内容に変更しておく必要があり、そうでなければ従業員は旧規定を真正のものと誤解し、正当な権利行使を選択する機会を逃すことになりかねません。また、業務面について属人化していますと休業取得や制度利用を躊躇することが考えられますので、業務の共有化・マニュアル化など業務が個人に紐づかないようにする取組が必要となります。

家族介護に直面したとき、「離職する／離職しない」の選択ではなく、両立制度を「利用する／利用しない」の選択となるよう職場環境を整え、また、同僚間においてもお互いさまの風土を醸成していくことが必要であるといえます。

## 働き方改革の真の目的

日本はすでに人口減少社会に入っています。図表13は日本の人口の推移に関するこれまでの実績と今後の推計となっています。２０６５年までの推計値が出ていますが、これをみますと、日本の総人口は２０６５年には1億人どころか９０００万人も

【図表14　業績・労働時間・時間あたりの業務効率の関係】

業績 ＝ 労働時間 × 時間あたりの業務効率

設備投資・意識改革 ➡ 業務効率UP ＝ 生産性向上

作成：ばば社労士事務所

割り込んでいます。

それぞれの棒グラフは３分割されており、下部からそれぞれ「14歳以下」、「15歳から64歳」、「65歳以上」となっています。中央の「15歳から64歳」の人口を生産年齢人口といい、主に働き手となる年齢層ということになりますが、その人数についてこれまでのピークは１９９７年の８６９９万人（１００％）でした。それが２０３０年には６８７５万人（ピーク時の79％）となり、２０６５年には４５２９万人（ピーク時の52％）とほぼ半減します。

総人口も生産年齢人口も減少しますが、それに伴って経済規模が縮小してもよいということにはなりません。こうした人口減少社会にあっても経済成長させるため、働き方改革ということになりました。

働き方改革は、法の強制により労働時間を短くしました。時短は企業の成長に影響を与えますが、日本経済と同様に企業も成長を維持しなければなりません。企業には顧客への責任、従業員への責任、株主への責任、そして社会に対する責任があるからです。

企業の業績は図表14の計算で表されますので、労働時間を短縮しても時間あたりの業務効率をアップさせることで業績を維持することができます。この業務効率のアップを生産性向上といいます。

設備投資や従業員の意識改革により生産性を向上させ、たとえば、これまで10時間労働させることで上げていた業績を8時間の労働で実現することができるようになり、さらに生産性向上が進めば6時間の労働で済むようになるわけです。

すると、「ウチの正社員の所定労働時間は1日6時間、残業ほとんどナシ」や「ウチは1日8時間で週休3日」などとアピールすることができるようになり、さまざまな時間的制約によりこれまで正社員として活躍することを諦めていた人材を受け入れることのできる会社になります。

さまざまな時間的制約とは、育児や家族介護を担っていたり、自分自身に持病があり日常には支障がないとしても定期的に通院しなければならなかったりする労働者です。このような時間的制約があっても優秀な人材は多く、また、その時間意識の高さから定時までに仕事をやり遂げようと最善を尽くします。これは既存の従業員にもよい影響を与え、全社の生産性向上に寄与することになります。

働き方改革というと労働時間の短縮が目的のように思われがちですが、真の目的はここにあり、あくまでも働き方改革はそのための手段なのです。

もちろん時短そのものにより従業員の健康や私生活との調和を実現するという目的もありますが、人口減少社会にあっても会社が成長していくための施策であるという視点で取り組んでほしいと思います。

# ８　エンゲージメント向上により離職を防ぐ

## エンゲージメントとは

エンゲージメントは、約束、契約、関与などと訳され、人事戦略の分野においては、会社と個々の従業員とのつながりの強さを意味します。これには、従業員エンゲージメントとワークエンゲージメントとがあり、つながりの強さの相手が「会社」であるか「仕事」であるかの違いとなります。すでに終身雇用制は終わり、人材の流動化、労働市場の活性化の中で、会社に対する従業員の貢献意欲を期待しづらい環境にありますから、人手不足下において人材確保・定着を図るためにはエンゲージメント向上は欠かせないものとなっています。

## エンゲージメント向上により期待される効果

エンゲージメント向上とは、会社や仕事に対する従業員の自発的な貢献意欲を向上させることです。これにより次の効果が期待されます。

①業績の向上　生産性の向上
②顧客満足度の向上
③定着率の向上　離職率の低下

④社内の良好なコミュニケーション
⑤組織の成長　個人の成長

## エンゲージメントを向上させるには

エンゲージメントを向上させるには、大きく分けると「働きやすさを高めること」と「働きがいを高めること」の2点となります。

働きやすさとは、労働条件や職場環境が基準となります。フレックスタイム制やテレワークなどの導入により労働時間や就業場所の柔軟性を高めることや、社内コミュニケーションを活性化させ会社のビジョンの共有や従業員間の信頼関係を醸成し、職場内の人間関係を良好にすることなどとなります。

働きがいとは、金銭による報酬と非金銭的報酬を兼ね備えた価値基準であり、賃金面における満足感と仕事そのものにおける満足感からもたらされます。会社の目標を共有し、適材適所、権限移譲など業務面において目標達成のための役割を担わせ、それによりやりがいを創出し、結果に対しては公平な評価を行い、そうして会社への自発的な貢献意欲を醸成するのです。

エンゲージメントは、かつての終身雇用制における会社と従業員のつながりとは少し異なります。当時は会社による庇護の意識が強く、会社と従業員は従属的関係にありました。エンゲージメントは、あくまでも会社と従業員の対等な関係を目指すものであります。

# 第6章　就業規則の不備

# 1　就業規則と雇用契約と法令の関係

## 就業規則とは

会社と従業員との間では労働契約を締結しそこに定められた労働条件に基づいて、雇用関係が日々進行しています。

就業規則とは、多くの従業員を使用している事業場において、その労働条件や服務規律などを統一的に定めた職場のルールであります。

したがって、就業規則に定められている内容は、従業員ひとりひとりの労働条件を定める個別の労働契約とあわせ、従業員が守るべきルールとなります。

ところが、就業規則の作成は、従業員の過半数代表者等から意見聴取はするものの、基本的には会社が一方的に作成することになります。この一方的に作成した就業規則を労働基準監督署へ届出を行い、従業員へ適切に周知することで、就業規則に記載されている内容が従業員に適用される職場のルールとなるのです。

## 就業規則と雇用契約ではどちらが優先されるか

個別の労働契約に定めた労働条件と就業規則に定められた労働条件とが対立している場合があり

ます。この場合、労働契約法では次のように定めています。

「使用者が合理的な労働条件が定められている就業規則を労働者に周知させていた場合には、労働契約の内容は、その就業規則で定める労働条件によるものとする。ただし、労働契約において、労働者および使用者が就業規則の内容と異なる労働条件を合意していた部分については、第12条に該当する部分を除き、この限りでない」（労働契約法7条）。

「就業規則で定める基準に達しない労働条件を定める労働契約は、その部分については、無効とする。この場合において、無効となった部分は、就業規則で定める基準による」（労働契約法12条）。

これをまとめますと、次のとおりとなります。

①就業規則の定めが労働条件の内容となることが原則である

②ただし、就業規則と異なる合意をしている部分については、個別の労働契約の定めが労働条件の内容となる

③②のとき、就業規則の基準に達しない労働契約の部分は無効となり、就業規則に定める基準まで引き上げる

要するに、個別の労働契約の内容が従業員にとって有利な内容であればそのまま適用され、個別の労働契約の内容が従業員にとって不利な内容であれば、就業規則の内容が適用される、ということです。

### 就業規則と法令では

当然のことながら、就業規則の内容は法令に反してはいけません（労働基準法92条1項）。また、労働基準法の定めにより、個別の労働契約の内容であっても就業規則の内容であっても、労働基準法に定める基準に達しない内容が定められている部分は、労働基準法に定める内容まで引き上げられることになります。

労働契約法においても同様の定めがあり、法令に反する部分については労働契約法7条、10条および12条の定めを適用しないとし、法令に反する内容が定められている就業規則の部分については、それが労働契約の内容となることを否定しています。

## 2 就業規則の不備から生じる事態

### 就業規則に記載漏れがあると

就業規則には絶対的必要記載事項および相対的必要記載事項があり、記載しなければいけない事項は多岐にわたります。そのため就業規則単体では量的・質的に大量かつ複雑な構成となってしまうことから、通常は複数の付属規程を設けています。

この付属規程とは、たとえば、パートタイム就業規則、契約社員就業規則、賃金規程、退職金規程、育児・介護休業等規程、テレワーク規程などであり、これらすべての規程を合わせて1つの就業規則となります。

　就業規則に記載すべき事項について、もしそこに一部漏れがあった場合、まず就業規則としての有効性は、すべてが無効となるわけではなく就業規則としては有効なものとなります。

　次に作成義務については、必要な事項が記載されていないことは作成義務を果たしたことにはなりませんので、労働基準法違反として処罰の対象になります。

　また、インターネットなどで取得した就業規則のサンプルをそのまま採用しているケースなどは、その内容が労働条件として会社を拘束することになり、それが実態と合っていない場合は大きな問題へと発展するおそれがありますので直ちに改めるべきです。

## 就業規則に定めることが適用の条件となるものもある

　たとえば、従業員をフレックスタイム制で働かせているとき、就業規則には「始業および終業の時刻を労働者の決定に委ねること」を定めなければならず、加えて労使協定を締結することで、フレックスタイム制の適正な導入となります。

　もし、就業規則のこの定めが欠落している場合には、フレックスタイム制が適正に導入されていることにはなりませんので、たとえば1か月間の合計で時間外労働の割増賃金を計算していたものが、労働時間の原則どおり日単位・週単位で算出し直さなければならず、残業代の未払いに問われることになりかねません。

## 3　絶対的必要記載事項と相対的必要記載事項

### 就業規則に定めなければならない事項

就業規則に定めなければならない事項には、「絶対的必要記載事項」と「相対的必要記載事項」があります。絶対的必要記載事項はどのような場合も必ず記載しなければならない事項であり、相対的必要記載事項は定めが設けられている場合に必ず記載しなければならない事項です。それぞれの事項については図表15のとおりです。

これらの記載事項は、労働条件通知書の絶対的明示事項および相対的明示事項と重なる事項があることがわかります（第1章1参照）。しかし、具体的な内容について、労働条件通知書の場合は個々の従業員にズバリ適用される労働条件であり、就業規則の場合は従業員全員に適用される集団的な労働条件という違いがあります。

### 就業規則に定めるかどうか自由な事項

任意的記載事項は、絶対的必要記載事項および相対的必要記載事項に該当するもの以外の事項となり、会社が規定を設けるかどうか自由に決めることができます。たとえば、服務規律、秘密保持、配置転換、職務発明に関する事項などがこれにあたります。

# 4　就業規則の整備・改定の手続

## 就業規則の作成・届出が必要な事業場とは

労働基準法では、「常時10人以上の労働者を使用する使用者は、次に掲げる事項について就業規則を作成し、行政官庁に届け出なければならない。次に掲げる事項を変更した場合においても、同様とする」（労働基準法89条）と定めています。

ちなみに、「次に掲げる事項」とは、前述の絶対的必要記載事項および相対的必要記載事項のことです。これは短くシンプルな条文ですが、いくつかポイントがあります。

### ①事業場単位であること

就業規則の作成単位は、企業全体ではなく事業場単位となります。労働者数が常時10人以上かどうかについては事業場ごとに判断されます。事業場という考え方は、基本的には「場所」によって決まります。離れた場所にある支店などは独立した事業場となります。

ただし、たとえば駐在員が１人だけの連絡所など独立性のないものについては、例外的に直近上位の組織と一括して１つの事業場として扱います。

したがって、複数の支社・営業所等をもつ企業では、本社および支社・営業所ごとに就業規則を作成することになります。

【図表15　絶対的必要記載事項・相対的必要記載事項】

| 絶対的必要記載事項 |
| --- |
| ①　労働時間関係<br>始業・終業の時刻、休憩時間、休日、休暇、労働者を2組以上に分けて交替に就業させる場合においては就業時転換に関する事項 |
| ②　賃金関係<br>賃金の決定、計算・支払いの方法、賃金の締切、支払いの時期、昇給に関する事項 |
| ③　退職関係<br>退職に関する事項（解雇の事由を含む） |

| 相対的必要記載事項 |
| --- |
| ①　退職手当関係<br>適用される労働者の範囲、退職手当の決定、計算・支払いの方法、退職手当の支払いの時期に関する事項 |
| ②　臨時の賃金・最低賃金額関係<br>臨時の賃金等（退職手当を除く）、最低賃金額に関する事項 |
| ③　費用負担関係<br>労働者に食費、作業用品その他の負担をさせることに関する事項 |
| ④　安全衛生関係<br>安全・衛生に関する事項 |
| ⑤　職業訓練関係<br>職業訓練に関する事項 |
| ⑥　災害補償・業務外の傷病扶助関係<br>災害補償・業務外の傷病扶助に関する事項 |
| ⑦　表彰・制裁関係<br>表彰・制裁の種類・程度に関する事項 |
| ⑧　その他<br>事業場の労働者全てに適用されるルールに関する事項 |

### ②常時10人以上とは

この「常時10人以上」とは、一時的に10人未満となることがあったとしても、常態として10人以上の労働者を使用していることをいいます。労働者の範囲は、正社員に限らずパートタイムやアルバイトなども含みます。

では、たとえば15人のパートタイムと労働契約を結び、職場には常に９人のみが出勤するようシフトを組んで労働させている場合はどうでしょう。これについては、雇用・所属している人数が基準となりますので、このケースでは常時15人を使用していることになり、就業規則の作成が必要となります。

逆に、年間を通して８人を雇用しているケーキ店において繁忙期となるクリスマス前後の期間だけアルバイトを３人増やしたとしても、それは常時10人以上となったとはいえませんので、就業規則の作成義務は生じません。

また、派遣労働者については注意が必要です。派遣労働者を受け入れている派遣先事業場においては派遣労働者との直接の雇用関係がありませんので、常時10人以上のカウントには含みません。

しかし、派遣労働者の雇用主である派遣元事業場においてカウントすることになりますので、派遣労働者と派遣元事業場のスタッフの合計で常時10人以上ということになる場合に、就業規則の作成義務が生じることになります。

## ③行政官庁への届出とは

行政官庁とは労働基準監督署長のことを指します。実務的には、事業場を管轄する労働基準監督署へ届出を行います。このとき複数の支社・営業所を有する企業においては、原則としてそれぞれの事業場を管轄する労働基準監督署への届出が必要となりますが、企業全体で就業規則の内容が統一されている場合には、本社一括の方法により本社を管轄する労働基準監督署へ届出を行うことができます。

この場合、事業場数に応じた必要部数の就業規則の提出、各事業場における意見書の添付、本社作成のものと各事業場のものが同一であることの附記が必要となります。

## 意見書は同意書ではありません

労働基準監督署へ就業規則を届出する際に過半数代表者等による意見書の添付が義務づけられていますが、これはあくまでも意見書であって同意書ではありませんので、会社が作成した就業規則案に対して過半数代表者等の同意までを求めるものではありません。

したがって、意見書に記載された意見が就業規則案の全部または一部について反対するものであったとしても、就業規則の効力には影響しません。また、意見を求めたものの意見が出されず意見書を添付できない場合には、意見聴取したことを客観的に示すことで足り、労働基準監督署への届出は有効なものとなります。

## 周知とは就業規則の内容を理解させること？

就業規則を定めたとき従業員への周知が義務づけられていますが、周知の方法については労働基準法施行規則で次の３つの方法に限定されています。

①常時各作業場の見やすい場所へ掲示し、または備え付けること

②書面を労働者に交付すること

③磁気テープ、磁気ディスクその他これらに準ずる物に記録し、かつ、各作業場に労働者が当該記録の内容を常時確認できる機器を設置すること

したがって、労働基準法に定める就業規則の周知義務については、①から③のいずれかの方法によるる必要があり、これらの方法によらないときは周知義務違反となります。

ところで、「周知」というと従業員に教育の機会を設け就業規則の内容について理解させなければならないのかとイメージする方がいるかもしれませんが、けっしてそこまで求めるものではなく「労働者が必要なときに容易に確認できる状態にあること」（出所：通達「労働基準法関係解釈例規の追加について」平成11年3月11日基発第１６９号）が「周知」の要件となります。

また、労働契約法には就業規則の内容が従業員の労働条件となるための要件のひとつとして、「従業員に周知していること」が定められており、ここでも「周知」が着目されています。これについても、「労働者が知ろうと思えばいつでも就業規則の存在や内容を知り得るようにしておくこと」（出所：通達「労働契約法の施行について」平成24年8月10日基発０８１０第2号）と定義されており、

従業員が実際に就業規則の存在や内容を知っているかどうかは問われていません。

そして、労働契約法における就業規則の周知方法については労働基準法施行規則で限定した①から③の方法に限らず、実質的に判断されることになります。

## 10人未満の事業場において任意に作成する就業規則には意見聴取が必要か

常時10人未満の事業場であっても就業規則を作成することは自由ですし、個別の労働契約ではカバーしきれないような詳細な労働条件や服務規律などが明確となるので、むしろ常時10人未満の事業場にあっても就業規則を作成することが望ましいといえます。

このとき、労働基準監督署への届出や過半数代表者への意見聴取が必要かどうかという点について、まず、届出については、就業規則を作成したからといっても届出が義務となるわけではありません。

一方で、届出しても受付されないというわけではありませんので、届出をするかしないかは任意に決めることができます。

この場合、もし届出を行うのであれば意見書の添付が必要となりますので、当然に過半数代表者の意見聴取が必要となります。逆に、作成したものの届出する予定ではない場合であったとしても、意見聴取はしておくべきでしょう。

# 5　不利益変更は慎重に

## 不利益変更とは

労働条件は、会社と従業員との間の合意に基づいて決定されるものなので、会社が一方的に労働条件の水準を切り下げることができないのは言うまでもありません。

労働条件を変更する必要があるならば、従業員との合意のうえで変更する必要があるということです。

就業規則の不利益変更とは、就業規則の内容を従業員の不利益な方向へと変更することにより、変更後の内容を労働条件とすることができるかという問題です。

就業規則は、会社が一方的に作成し、過半数代表者の意見聴取および労働基準監督署への届出を経て、事業場への備付と周知により有効なものとなりますので、これら一連の過程においては、従業員側による合意の機会が見当たりません。

この点について労働契約法では、従業員との合意のないまま会社が就業規則を変更することでは、労働条件を従業員の不利益に変更することはできないとしています（労働契約法９条）。

会社が一方的に就業規則を変更することにより従業員の既得の権利を奪うことは許されないのです。

ちなみに、この場合の不利益とは「全体の合計」や「全員の平均」などではなく、個々の従業員にとっての不利益のことですので、変更後の内容があちらの従業員には有利でこちらの従業員には不利という場合には、やはりその就業規則の変更は不利益変更ということになります。

## 不利益変更が認められる場合とは

一方で、労働契約法10条により、次の①および②の両方を満たす場合には、就業規則の内容を従業員の不利益に変更することで、変更後の内容が労働条件となるとしています。

①変更後の内容を従業員に周知していること

②従業員の受ける不利益の程度、労働条件の変更の必要性、変更後の就業規則の内容の相当性、労働組合等との交渉の状況その他の就業規則の変更に係る事情と照らして合理的なものであること

労働契約法7条では、合理的な内容が定められている就業規則を周知することにより、就業規則に定める労働条件が労働契約の内容となるとしていますが、従業員の不利益に変更する場合については、②に示す考慮要素が厳格に判断され、あわせて「その他の就業規則変更に係る事情」を総合的包括的に考慮することになります。

また、「労働組合等との交渉の状況」とありますが、労働組合に加入していない労働者が多く存在していますので、この点について現実の作業としては従業員側への丁寧な説明と理解を求めることが必要ということになります。

# 6　パートさんの就業規則を作成していますか？

## 就業規則はすべての従業員に適用されなければならない

就業規則は、すべての従業員に対して適用されなければなりません。「すべての従業員」ですので、正社員に限らず、契約社員、パートタイム、アルバイト、定年後再雇用の嘱託社員などさまざまな雇用形態で就労するすべての従業員に対して適用されなければならないということです。

就業規則には、「この規則は会社の従業員に適用する。ただし、第○条第○項の契約社員、パートタイムについてはこの規則を適用せず、別の定めによる」などと委任規定を設け、就業規則本則については正社員のみの適用とし、正社員以外の従業員については「別の定め」を適用するとしていることが多く見られます。

これは、正社員と正社員以外の労働条件では、たとえば賃金体系ひとつとっても月給制と時給制など異なるルールで運用されていることが多く、そのすべてを定めようとすれば単体の就業規則では複雑な構成となり、また従業員にとっては自身に適用される労働条件が不明瞭となってしまうことから、それぞれの雇用形態に対応する複数の就業規則を作成したということなのです。

したがって、すべての従業員がいずれかの就業規則の適用を受けるということになりますので、このように定めること自体は問題ありません。

ところが、こうしたケースで「……別の定めによる」ではなく「……個別の契約による」と定められていることがあります。これは、その従業員に適用される就業規則を作成していないため、労働条件については個別の契約に委任するということを意味していますので、このようにどの就業規則にも適用されない従業員が一部でも存在する場合は、就業規則の作成義務に違反することになります。

## パートタイム就業規則を作成する際の意見聴取はパート代表から？

労働基準法では、就業規則の作成変更の際の意見聴取については、過半数組合のない事業場であれば、従業員の過半数を代表する者から意見聴取することとしていますので、正社員やパートタイムなどすべての従業員の過半数を代表する者から意見聴取すればよいことになります。

つまり、選出された過半数代表者が正社員であればその正社員から、パートタイムであればそのパートタイムから意見聴取することになります。

ですから、パートタイムにのみ適用される「パートタイム就業規則」であっても、労働基準法上その作成変更の手続の過程においては、必ずしも当事者であるパートタイムから意見聴取する必要がないことになります。

このとき、たとえば週2日勤務など所定労働日数の少ないパートさんが、過半数代表者の選出に参加する機会がなかったりしますと後々問題となり得ますので、選出については持ち回りの方法などを用いて、すべての従業員が選出に関与することができるよう注意する必要があります。

その一方で、パート・有期雇用労働法では、「当該事業所において雇用する短時間労働者（パートタイム）の過半数を代表すると認められるものの意見を聞くように努めるものとする」（パート・有期雇用労働法7条1項）と定めており、パートタイム就業規則を作成・変更する際は、パートタイム従業員の過半数代表者から意見聴取することが努力義務とされています。この努力義務については、有期雇用労働者（契約社員）についても同じ定めが設けられています（同条2項）。

## 正社員の就業規則しか存在しない場合には

パートタイムに適用される就業規則が存在しない場合、直ちに正社員の就業規則がパートタイムに丸々適用されるというわけではありません。労働契約法により会社と従業員との間で合意した内容が労働条件となりますので、会社にフルタイム・月給制で働く正社員用の就業規則しか存在しないからといって、週3日勤務で合意しているパートさんが週5日勤務となるわけではなく、時給制が月給制に変わるわけでもありません。労働条件は会社と従業員との間で合意した内容のとおりとなることが基本となります。

一方で、就業規則と労働契約との間では、個別の労働契約の内容が従業員にとって不利なものであれば就業規則に定める基準が適用されることになりますし、また個別の労働契約に定められていない事項などもあります。

これについてはそれぞれの内容次第と考えられ、パートタイムへ適用することに合理性のある就業規則の定めであれば、就業規則の定めを適用することと判断されるおそれがありますし、正社員と雇用管理区分がまったく異なるパートタイムに適用することに合理性が認められない労働条件であれば、パートタイムへ適用されるおそれが少ないということです。

もっとも、そのようなことに頭を悩ませるくらいであれば、そもそも一部の従業員に適用される就業規則が存在していないこと自体が労働基準法違反ですので、その法違反状態を解消する意味でも、パートタイム就業規則や契約社員就業規則を作成することで解決すべきです。

## 7　残業させるには36協定の締結・届出だけでは足りない

### 36協定は免罰的効果のみ

労働基準法に定める労働時間数の限度は「1日8時間まで、1週40時間まで」であり、その時間数を超える時間外労働をさせるためには、36協定の締結および労働基準監督署への届出が必要となります。これらの条件を満たすことで、会社が従業員に対して時間外労働や休日労働をさせたとしても違法とならず罰せられることがなくなります（第1章4参照）。

ところで、36協定の効果はこの免罰的効果のみに留まりますので、会社が従業員に対し実際に業務命令として時間外労働を命じるためには、36協定に加え労働契約上の根拠が必要です。つまり、会社と従業員との間において「時間外労働させる」という労働条件の存在が必要ということになりますので、就業規則には、36協定の締結・届出を条件に「業務上の必要により時間外労働および休日労働を命ずることがある」などと規定することになります。

裁判例では「それが具体的労働契約の内容をなすから、右就業規則の規定の適用を受ける労働者は、その定めるところに従い、労働契約に定める労働時間を超えて労働をする義務を負うものと解する」（最1小判平３・11・28民集45巻8号１２７０頁）と示しており、合理的な内容の就業規則を定めることで会社は時間外労働を命じることができ、そして従業員はそれに従う義務を負うことになるのです。

もっとも、第３章２の事例のように従業員に私用がある場合には、残業の必要性や緊急性、他の従業員による対応の可否などを私用の内容と比較したうえで、残業命令を取りやめるかどうか決めることになります。

## 非常災害時の時間外労働

36協定による場合以外にも時間外労働をさせることができます。労働基準法では、災害等による臨時の必要がある場合には労働基準監督署長の許可を受け、必要の限度において時間外労働および休日労働をさせることができるとしています。

就業規則には、こうした非常災害時についても時間外労働および休日労働をさせることができる旨の定めを設けておくことになります。

ちなみに、事態急迫により労働基準監督署長の許可を事前に受けることができない場合は、事後に遅滞なく届出を行うこととされています。労働基準法33条1項の「災害その他避けることができない事由」とは、予測不可能な風水害など人命に影響を及ぼすような事態を指しますので、労働基準監督署への事前届出は困難であることが想定されているわけです。

## 残業させることが許されない従業員もいます

時間外労働および休日労働等について、法令上の制限がある労働者は次のとおりであり、これについても「会社が時間外労働および休日労働等を命じることのない従業員の範囲」として就業規則に定めます。

①満18歳未満の年少者である従業員には、36協定による時間外労働および休日労働、深夜業をさせてはならず、また変形労働時間制やフレックスタイム制などの柔軟な労働時間に関する制度を適用することもできません。ただし、非常災害の場合は、時間外労働および休日労働、深夜業をさせることが認められています。また、満15歳以上の年少者については時間外労働および変形労働時間制の適用について、制限が一部緩和されます。

②妊産婦（妊娠中および産後1年を経過しない女性）である従業員が請求した場合は、時間外労働および休日労働、深夜業をさせてはならず、36協定による場合と非常災害の場合のいずれについ

てもNGとなります。

この請求については、時間外労働および休日労働についてのみの制限であったり、または深夜業についてのみの制限であったり、あるいはそれぞれの部分的な制限であっても認められます。また、変形労働時間制を採用している事業場においては、制度の妊産婦への適用自体は可能ですが、1日8時間および1週40時間を超える労働をさせることはできません。

③3歳に満たない子を養育する従業員および要介護状態にある対象家族を介護する従業員が請求した場合は、所定労働時間を超える労働をさせることができません。所定労働時間とは会社の始業時刻から終業時刻までの時間のことですので（第1章4参照）、残業させることが制限されるということです。

④小学校への就学前の子を養育する従業員および要介護状態にある対象家族を介護する従業員が請求した場合は、時間外労働の時間数が制限されます。具体的には「1か月24時間、1年150時間」を超える時間外労働をさせることができません。また、深夜業についてもさせることができません。

## 妊産婦が管理監督者である場合は

女性活躍が推進され、社内の指導的地位にある女性従業員が増えています。管理監督者を務める女性従業員が妊産婦である場合も考えられますが、その場合、前述②の時間外労働等の制限についての請求をすることができません。これは、管理監督者にはそもそも労働基準法の労働時間、休憩、休日の定めが適用されず（第1章8参照）、時間外労働や休日労働の生じる余地がないということであり、妊産婦であっても管理監督者であればその点に違いがないということです。

その一方で、労働基準法の深夜業の定めについては管理監督者に対しても適用されますので、管理監督者である妊産婦は深夜業の制限については請求することができます。

ところで、女性活躍推進法では、従業員数101人以上の企業に一般事業主行動計画の策定届出を義務づけています。これは、自社における女性活躍に関する数値目標と達成までの計画期間および取組内容を定めるものとなります。数値目標には、たとえば「女性管理職の比率を全管理職の50％とする」などと定めます。計画期間は2年から5年の間で設定し、さらに数値目標を実現するための取組内容とその実施スケジュールを定めます。数値目標・計画期間・取組内容で一式の行動計画となります。義務化されていない100人以下の企業においても策定届出を行っている会社は多くあり、積極的に女性活躍推進に取り組んでいます。

こうした女性活躍推進の流れを受け、昨今は女性管理職が増えています。出産・育児との両立に日々努力している管理職の方も大勢いらっしゃいます。前述のように、管理監督者には労働時間等の制限が適用されませんが、それは労働時間について会社からも干渉されない立場であるということです。管理監督者は基本的に労働時間は自己管理です。労働時間にとらわれず存分にその能力を発揮してもらう環境づくりをすることが会社には求められています。

# 第7章　その他の人事・労務トラブル

## 1　人事権の行使　配置転換・昇進降格の限界

### 人事権の行使

会社の業務命令権には、日常の業務命令に関する権限と人事に関する権限とに大別できます。人事権の行使とは、現在の職務や所属等から別の職務・所属等へ転じさせることです。これには配置転換、昇進・降格、出向などがあり、いわゆる「人事異動」のことです。

配置転換とは担当する職務内容や就業場所を変更すること、昇進・降格とは役職を任免すること、そして出向とは他の会社の仕事に従事させることとなります。

会社が人事権を行使したとき従業員がそれに応じる義務があるかどうかについて、基本的には、就業規則に定めがあることや個別の労働契約で合意していることにより会社に権限が備わることになりますので、就業規則等には明確に定めておく必要があります。

### 転勤命令権の根拠

配置転換のうち就業場所の変更である転勤について、就業規則に転勤命令権が定められている事例では、会社は個別の同意なしに従業員の勤務場所を決定する権限があるとし、これにより従業員は転勤命令に従い、会社は転勤先における労務の提供を要求する権利を有することになるとしています（最2小判昭61・7・14労判477号6頁）。

もっとも、一般的には地域を限定せずに入社させることが多く、転勤命令権について就業規則上の定めが欠落していたとしても配置転換については黙示の合意があると考えられるケースもあります。逆に、就業規則には転勤命令権について定めがある場合であっても、個別の労働契約により就業場所の地域を限定している場合は、その限定された地域の範囲内での転勤命令権に留まります。

## 転勤命令が無効となる場合がある

会社は業務上の必要により従業員の転勤を決定することができますが、それは無制限に決定できるわけではなく、次の3点を検討することになります。

### ①業務上の必要性があるか

業務上の必要性は、配置転換の必要性と人選の合理性により判断されますが、転勤命令の対象となった従業員について、前掲の判例では、「余人をもっては容易に替え難いといった高度の必要性」というレベルの人選である必要はなく、「労働力の適性配置、業務の能率増進、労働者の能力開発、勤務意欲の高揚、業務運営の円滑化など企業の合理的運営に寄与する」ことで業務上の必要性を肯定できるとしていますので、転勤命令が「その従業員でなければならない」という理由ではなかったとしても、会社の権限の範囲内であることが認められ得るということになります。

**②不当な動機・目的をもってなされていないか**

不当な動機・目的といいますと、典型例としては反抗的な者への報復措置や退職への追い込みなどが考えられ、そうした目的の有無を検討することになります。

また、たとえばハラスメント被害者に対する意に反した転勤などのようなケースでは、法令に定める不利益取扱いの禁止そのものに抵触することになりますので、不当な動機・目的うんぬん以前の問題として転勤命令は無効となります。

**③通常甘受すべき程度を著しく超える不利益を負わせていないか**

転勤においては通勤時間の変化や転居を伴うことから、従業員には一定程度の不利益が生じます。たとえば、育児・介護休業法では「就業場所の変更により就業しつつその子の養育または家族の介護を行うことが困難となることとなる労働者がいるときは、当該労働者の子の養育または家族の介護の状況に配慮しなければならない」（育児・介護休業法26条）としており、会社の配慮義務を定めています。

育児中の共働き家庭において夫婦の一方が転居を伴う転勤となると、直ちに「別居＝ワンオペ育児」の問題に陥ることになりますので、このような場合には従業員の意向確認や養育するための代替手段の有無の確認など、会社による配慮が必要になるということです。

そのほか、家族の介護や看護を抱える者についても同様、家庭生活における負担が大きくなる場合には従業員の事情への最大限の配慮が必要となります。業務上の必要性があったとしても、それが従業員の家庭生活を破綻させるおそれがあるならば、その転勤命令は撤回すべきでしょう。

## 昇進・降格の限界

職位の昇進について、たとえば誰を部長にして誰を課長にするかは会社の裁量が広く認められていますので、「なんであいつが課長に昇進するんだ？」などと不満を漏らす従業員がいたとしても気にする必要はありません。

もっとも昨今は、責任の重さや業務量の増加などを理由に昇進を嫌う従業員もいるようですが、昇進を命じた場合については、基本的にトラブルとなるケースは少ないでしょう。

職位の降格について、従業員がその職位にふさわしくないと判断される場合には降格させることもあります。また、昨今では役職定年制を採用している会社もあり、一定年齢に達することで役職を取り上げ、以降定年まで平社員とするケースもあります。

従業員の能力や適性、実績、経営上の必要に応じて最適な配置をしていくことが使用者の当然の権限ですので、その行使にあたっては従業員の同意は必要なく、会社は従業員の不満を受け止める必要もありません。

その一方で、あまりにも理不尽な降格であれば問題となる余地が残されており、それは人事権の裁量に「逸脱」や「濫用」があったかどうかにより判断されます。

役職経験者を退職に追い込む目的で受付担当への配置換えをしたケース（東京地判平7・12・4

労判６８５号17頁）や、窓口対応の責任者である役職者の電話や窓口での対応に問題があり苦情も寄せられている者を降格させたケース（東京高判平21・11・4労判９９６号13頁）で、「業務上、組織上の必要性の有無・程度」や「その職務・地位にふさわしい能力・適性を有するか否か」そして「労働者の受ける不利益の性質・程度」などを総合的に判断することとしています。

人事権の行使は会社の裁量の範囲でありますが、その逸脱・濫用にあたらないよう留意しなければなりません。

## 出向命令も会社の裁量の範囲で可能か

出向には在籍出向と転籍があります。在籍出向とは、出向元企業に籍を残したまま他の会社で就労することであり、転籍とは、出向元企業との雇用関係を終了させ出向先企業へ移籍することをいいます。

賃金などの労働条件の扱いについてもさまざまであり、出向元企業の水準を保つ場合もあれば、出向先企業の基準とする場合もあります。このように、出向については勤務する会社が変更となる点で、転勤や昇進・降格とは事情が異なってきます。

労働契約法では、「出向を命ずることができる場合において、当該出向の命令が、その必要性、対象労働者の選定に係る事情その他の事情に照らして、その権利を濫用したものと認められる場合には、当該命令は、無効とする」（労働契約法14条）と定めており、ここでも会社による裁量権の濫用の有無が問題となることを明確にしています。

出向命令の権限については、就業規則に「出向を命じること」の定めや、出向規程等に「出向中の処遇に関すること」などを定めていることが根拠となります。在籍出向の場合、出向を命じる際の従業員による個別の同意が必要であるか否かについては明確となっていません。

一方で、転籍の場合は、「出向元企業の退職」と「出向先企業への入社」を命じるものであり、出向元企業に復帰する可能性は絶たれ、従業員の身分関係に重大な影響を及ぼすものでありますので、出向命令の際には従業員の個別的な同意が必要となります。

## 2　テレワークが不可能な従業員の不満

### テレワークのメリット

テレワークとは柔軟な働き方の1つであり就業場所を柔軟にするものですが、テレワークの方法には、大きく分けると次の3つの形態があります（出所：「テレワークの適切な導入及び実施の推進のためのガイドライン」厚生労働省）。

**①在宅勤務**

通勤を要しないことから、時間を柔軟に活用することが可能となり、仕事と家庭生活との両立に資する

**②サテライトオフィス勤務**

自宅近くや通勤途中の場所等に設けられたサテライトオフィスでの勤務は、通勤時間を短縮しつつ、作業環境の整った場所で就労可能

**③モバイル勤務**

労働者が自由に働く場所を選択できる、外勤における移動時間を利用できる等、働く場所を柔軟にすることで業務の効率化を図ることが可能

就業場所の柔軟化で、さまざまなメリットが考えられます。会社にとっては、通勤手当の節約、会社施設の縮小に伴う賃料負担の節約、従業員にとっては通勤時間の削減、職住密着による育児介護等との両立などです。テレワークを恒久的な会社の制度として設計運用するにあたりポイントとなるものは、場所・お金・労働時間となります。

## 場所について

場所については、就業可能な範囲を定めることになります。まず「従業員の自宅」を就業場所として定め、その他の場所については、テレワーク可能な就業場所としての基準を検討することになります。そして就業規則には「従業員の自宅その他会社の指定する場所」などと定めます。

自宅以外には、昨今ではサテライトオフィスなどの施設が充実しており、利便性が高まっています。そのほかファミリーレストランやコーヒーショップなども考えられますが、これらはパソコン

画面の覗き込みやインターネット環境などセキュリティー面での懸念があります。

## お金について

お金の面では、費用負担と賃金について検討する必要があります。従業員が在宅勤務する場合、光熱費等の家計負担が明らかに増え、会社がそれを負担するか否かが曖昧なままですと、従業員の不安につながります。したがって、テレワークを実施するにあたっては、テレワーク規程や経費に関する規程を設け、金銭面について明確にしておく必要があります。

費用負担について、在宅勤務の場合、これまで職場に毎日出社していたときと比較して電気料金が増加する場合の業務使用分や、家庭で契約しているインターネット通信をテレワークに利用する場合の業務使用分などが会社の負担すべき費用となります。これらについては、国税庁の「在宅勤務に係る費用負担等に関するＦＡＱ」において合理的な計算方法を示しています。

また、プライベートな携帯電話の業務使用分についても会社が負担すべき費用となります。この場合、業務使用分の発信先を抜き出す必要があり、従業員のプライバシーには十分配慮しなければなりません。

そのほか、消耗品や備品の購入代金、サテライトオフィス利用料などが会社の負担すべき費用となります。

業務使用分について精算するとき、合理的に算出した金額そのものを従業員に支払う分には問題ありませんが、たとえば金額を多めに従業員へ支払う場合には、合理的な計算方法により算出した金額が費用の精算であり、その金額を超える差額については賃金として扱うことになります。このとき賃金となる部分については、所得税の源泉徴収が必要となりますので注意が必要です。

このように、業務使用分について合理的な計算により費用を精算する場合は、毎月正確に計算する必要があり事務作業の負担増となりますので、テレワーク手当を新設することも1つの方法となります。

これは、賃金としてテレワーク手当を支給し、光熱費や通信費など会社負担とすべき費用については従業員の家計負担のままとするわけです。水道料金なども毎日朝から夕方まで職場にいる場合と比較して明らかに増えますので、テレワーク手当であればこうした家計負担に対する埋め合わせにもなり従業員の不満解消になります。

テレワーク手当は、月額制や日額制の場合もあれば時間単位で金額を設定する場合もあり、想定されるテレワークの頻度により決定することになります。賃金体系の変更ですので労働条件通知書や給与辞令などの書面交付が必要となることや、また、社会保険における固定的賃金の変動となり随時改定の対象となることなどにも留意する必要があります。

## 労働時間について

労働基準法に定める労働時間に関する諸制度はすべてテレワーク従業員に適用することができま

すので、たとえばフレックスタイム制で就業していたのであれば、在宅勤務時もそのままフレックスタイム制を適用することに問題はありません。

テレワーク従業員には会社や上司の目が届きにくくなり従業員の自主性によるところが大きくなりますので、労働時間の管理が重要となります。労働時間を把握する方法については、客観的な記録による把握と従業員の自己申告による把握とがありますが、いずれの方法による把握も可能です。

客観的な記録とはパソコン等の使用時間やサテライトオフィスの利用時間であり、自己申告とは従業員が申告した時間となります。

従業員の自己申告による労働時間の把握の場合は、次の３つの要件を満たす必要があります。

①従業員や管理者に対して、適正な自己申告や適正な運用等について十分な説明を行う
②パソコンの使用状況などと自己申告との間に著しい乖離がある場合には補正を行う
③適正な自己申告を阻害する措置を講じない

そのほか、テレワーク特有の労働時間の問題として、一時的に業務から離脱する中抜け時間や勤務中のテレワーク場所と職場との移動時間などがあります。中抜け時間については、休憩時間として労働時間から除外してもよいですし、除外せずに始業時刻から終業時刻までを労働時間として扱っても問題ありません。

勤務場所の移動時間については、どちらでもＯＫというわけにはいかず、自由利用が保証されているか否かにより判断することになります。

### テレワークが不可能な従業員の不満

テレワークについては、前述のように会社にとっても従業員にとってもさまざまなメリットがあり、テレワークで就業する従業員はそのメリットを享受することになりますが、その一方で、テレワークが困難な業種や職種で就業する従業員もいます。

1つの職場で、テレワーク可能な従業員とテレワーク不能な従業員が混在している場合には、会社はテレワーク不能な従業員のストレスに注意しなければなりません。

テレワーク不能な従業員はメリットを享受する機会がないというだけではなく、テレワーク不能であること自体が業務負担増の直接の原因となる場合があります。たとえば会社への電話や来客に対しては当然に職場に在席中の従業員が対応しなければならず、それが職場に不在のテレワーク中の従業員への用件であれば、さらに連絡する手間が生じます。それが二度三度と重なり、さらに連日のこととなれば、小さなことではありますが、従業員のストレスはたまる一方であります。何らかの配慮や措置が必要でしょう。

## 3　副業は通算した労働時間の把握を

### 副業・兼業とは

副業・兼業とは、会社で雇用されながら他の使用者のもとで労働したり、会社経営や個人事業など自ら事業を行ったりすることをいい、各社さまざまなルールとなっています。

副業・兼業について禁止・許可制・届出制などの対応が考えられますが、会社での就業が終わった時刻から次の勤務の開始時刻までの時間帯については従業員が自由に過ごすことができ、そこに就労上の制約は一切ありませんので、もし「禁止」と定めた場合、労働時間外の自由利用の原則に反することになり問題があります。したがって、会社のルールとして選択できる制度は「許可制」あるいは「届出制」ということになります。

## 副業・兼業を不許可とすることができるか

副業・兼業について制限を設ける場合、不許可事由あるいは禁止事由などを列挙することになります。厚生労働省のモデル就業規則では届出制を採用し、次の場合に禁止や制限をすることができると定めています。

①労務提供上の支障がある場合
②企業秘密が漏洩する場合
③会社の名誉や信用を損なう行為や、信頼関係を破壊する行為がある場合
④競業により、企業の利益を害する場合

許可制とする場合の不許可事由についてもこれらに準じるものとなりますが、①の労務提供上の支障とは、従業員の健康維持に影響がある場合などであり、たとえば副業後に十分な休息がないま

ま本業会社の出社時刻となるような計画であれば不許可とすることが考えられます。
②について、競合他社での副業が第一に想定されますが、本業会社の経営上の秘密漏洩の可能性があるならば、競合性の有無にかかわらず不許可とすることになります。
③について、本業会社の名誉や信頼を損なうような事業を起業することなどが考えられますが、職業差別とならないよう慎重な判断が必要となります。
④について、従業員の得意分野である本業会社との競合商品を取り扱う計画などであれば、競業行為として不許可とすることが考えられます。
労働契約に付随する従業員の義務として誠実義務があります。これには、秘密保持義務、会社の名誉・信用を損なわない義務、競業避止義務などがあり、就業規則や個別の労働契約における明文の規定の有無にかかわらず、当然に従業員が負っている義務となります。副業・兼業を制限する場合には、これら誠実義務に準じて定めることになります。

## 時間外労働の数え方

副業・兼業を行う従業員の労働時間は、本業会社と副業先の労働時間の通算が必要となります。

たとえば、ある日の労働時間について本業会社で5時間就労し副業先で4時間就労したならば、その日の労働時間数は合計9時間となりますので、法定労働時間8時間を超え時間外労働となる1時間については時間外割増が必要となります。

このとき、本業会社と副業先のいずれが時間外割増を負担するかについては、図表16に示すように、労働契約と労働時間の順序により決まります。

所定労働時間については、労働契約を締結した順に通算することになります。

（例1）において、企業Aの所定労働時間5時間に企業Bの所定労働時間4時間を通算することで、企業Bにおける17時から18時の1時間が時間外労働となり、企業Bにおいて時間外割増が必要となります。

また、（例2）のように、その日の就労の先順位が企業Bであったとしても、労働契約締結順の通算の原則のとおり、企業Aの所定労働時間5時間に企業Bの所定労働時間を通算することで企業Bの11時から12時の1時間が時間外労働となり、やはり企業Bにおいて時間外割増が必要となります。

一方、（例3）や（例4）のように、企業Aおよび企業Bの双方において所定外労働が生じた場合は、所定外労働が行われた順に通算します。

このとき、所定労働時間については原則のとおり労働契約順に通算しますので、トータルでは①→②→③→④の順に通算することになります。

したがって、（例3）においては企業Bにおける18時から19時の1時間、（例4）においては企業Aにおける18時から19時までの1時間がそれぞれ時間外労働となり、それぞれの企業が時間外割増を負担することになります。

## 【図表16　副業先との労働時間の通算方法】

所定労働時間の通算

（例1）企業A：　時間的に「先に」労働契約を締結、所定労働時間1日5時間（7:00-12:00）
企業B：　時間的に「後に」労働契約を締結、所定労働時間1日4時間（14:00-18:00）

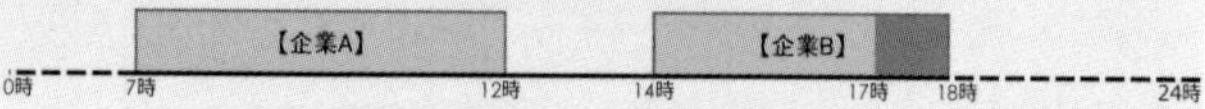


→企業Bに、法定時間外労働が1時間発生します。（5時間＋4時間－8時間＝1時間）

（例2）企業A：　時間的に「先に」労働契約を締結、所定労働時間1日5時間（14:00-19:00）
企業B：　時間的に「後に」労働契約を締結、所定労働時間1日4時間（8:00-12:00）

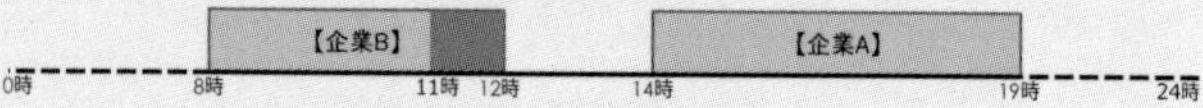


→企業Bに、法定時間外労働が1時間発生します。（5時間＋4時間－8時間＝1時間）

所定外労働時間の通算

（例3）企業A：　時間的に「先に」労働契約を締結、
所定労働時間1日3時間（7:00-10:00）　—①
当日発生した所定外労働2時間（10:00-12:00）　—③
企業B：　時間的に「後に」労働契約を締結、
所定労働時間1日3時間（15:00-18:00）　—②
当日発生した所定外労働1時間（18:00-19:00）　—④

→①＋②＋③で法定労働時間に達するので、企業Bで行う1時間の所定外労働（18:00—19:00）は
法定時間外労働となり、企業Bにおける36協定で定めるところにより行うこととなります。
企業Bはその1時間について割増賃金を支払う必要があります。

（例4）企業A：　時間的に「先に」労働契約を締結、
所定労働時間1日3時間（14:00-17:00）　—①
当日発生した所定外労働2時間（17:00-19:00）　—④
企業B：　時間的に「後に」労働契約を締結、
所定労働時間1日3時間（7:00-10:00）　—②
当日発生した所定外労働1時間（10:00-11:00）　—③

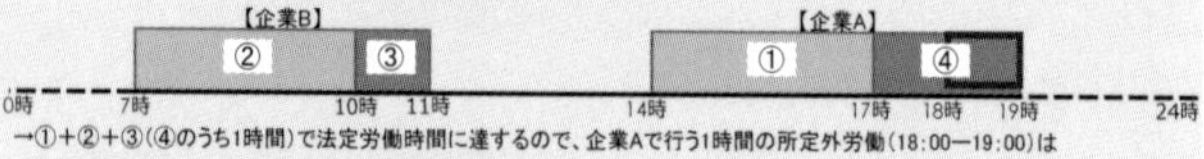


→①＋②＋③（④のうち1時間）で法定労働時間に達するので、企業Aで行う1時間の所定外労働（18:00—19:00）は
法定時間外労働となり、企業Aにおける36協定で定めるところにより行うこととなります。
企業Aはその1時間について割増賃金を支払う必要があります。

出所：「副業・兼業の促進に関するガイドラインわかりやすい解説」（厚生労働省）を元に作成

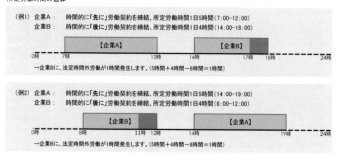

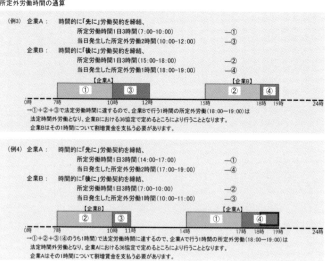

**【図表17　副業・兼業　管理モデルのイメージ】**

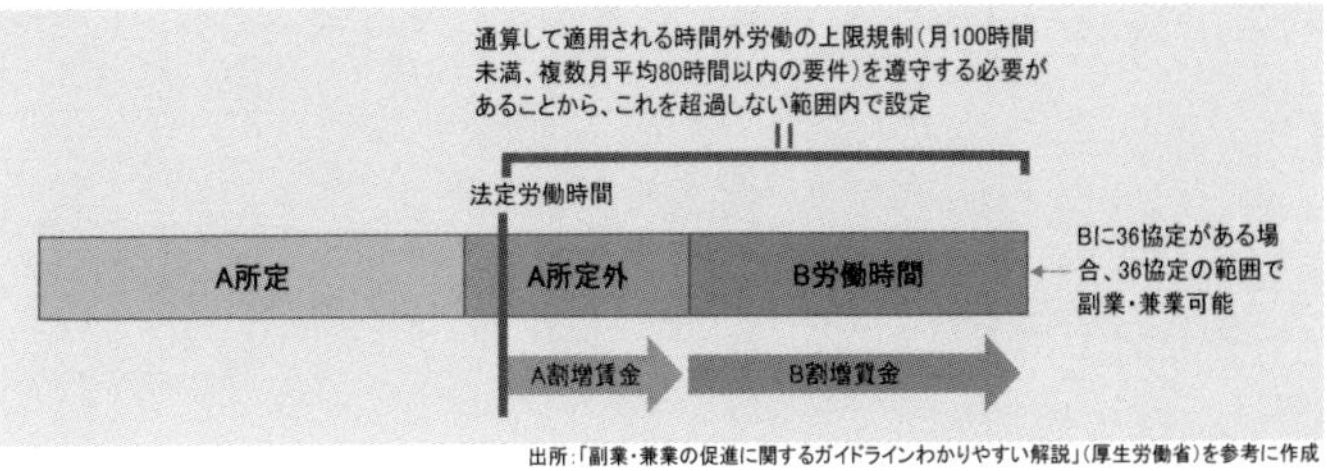


出所：「副業・兼業の促進に関するガイドラインわかりやすい解説」（厚生労働省）を参考に作成

## 管理モデルで労働時間管理を簡単に

原則的な方法により、通算労働時間を正確に管理し時間外割増を適正に支給することは、従業員からの正確な申告や副業先との密な連絡が必要であり、なかなか大変です。

管理モデルは労働時間管理を簡便にする方法であり、図表17のように副業・兼業の開始前に本業会社の時間外労働（法定外）と副業先の労働時間（所定＋所定外）の合計時間数を、労働基準法上の時間外労働の上限時間数（単月１００時間未満、複数月80時間以内）の範囲内で、本業会社と副業先がそれぞれ労働時間数の上限を設定し、その範囲内で労働させる限りは相手事業場における労働時間の把握を不要とするものです。

この場合、本業会社の時間外労働（法定外）と副業先のすべての労働時間については、それぞれの事業場の36協定に定める時間外労働の時間数の範囲内で設定することになります。

## フリーランス限定許可は有効か

管理モデルの採用で労働時間管理が簡便になったとしても、それでもある程度は副業先とのやりとりが必要となります。ならば、事務負担を軽減するために労働時間を通算する必要のない態様に限定すればよいのではないかとの考えに帰結します。つまり、フリーランスや個人事業などの態様に限定し、労働者として副業先に使用されることを禁止するわけです。

この点について、会社がこうしたルールを設けること自体には法令上の制限が特にあるわけではありませんが、労働契約法に定める「合理的な労働条件」として認められるかという点については疑問が残りますので、こうした限定は避けたほうがよさそうです。

## 4 同一労働同一賃金 なにが問題となるか

### 均等待遇：差別的取扱いの禁止

同一労働同一賃金のうち福利厚生施設の利用、慶弔休暇、教育訓練については福利厚生で取り上げましたので（第5章6参照）、ここでは手続面について取り上げます。

パート・有期雇用労働法の定めでは、「通常の労働者と同視すべき短時間・有期雇用労働者」に対する差別的取扱いを禁止しています。「通常の労働者」とは無期雇用フルタイム労働者のことですので一般には正社員を指し、「短時間・有期雇用労働者」とはパートタイムおよび契約社員を指します。

差別的取扱い禁止の定めでは、「正社員とパートタイム」および「正社員と契約社員」の間において次の2点が同一である場合には、「短時間であること」および「期間の定めがあること」を理由とする待遇差を禁止しています。

①職務の内容（業務の内容＋責任の程度）

②職務の内容・配置の変更の範囲

これは均等待遇といい、パートタイムや契約社員の待遇決定に当たっては正社員と同じ方法により決定されることとしています。このとき、同じ決定方法のもとであるならば能力等の違いによる差は問題とはなりません。あくまでも、「短時間であること」や「期間の定めがあること」のみを理由とすることがＮＧとなります。

## 均衡待遇：違いを考慮して不合理があってはならない

一般的には、正社員とパートタイム・契約社員の間においては、職務内容や変更範囲が全く同一であるという会社は少数であり、両者間には何らかの違いがあります。

たとえば、正社員とパートさんの間で一見同じ作業内容だったとしても、いざ顧客からのクレームがあったときに正社員だけが対応するのであれば、職務の内容のうち、「業務の内容」は同じであるが「責任の程度」に違いがあり、結果として職務の内容が異なることになります。

このように職務内容や変更範囲が異なる場合は、同法では、次の①および②の違いに加え③を考慮し不合理な待遇差があってはならないとしており、これを均衡待遇といいます。

①職務の内容（業務の内容＋責任の程度）
②職務の内容・配置の変更の範囲
③その他の事情（①・②以外の事情で、個々の状況に合わせてその都度検討）

均衡待遇においては、通常の労働者（正社員）と比較して不合理な待遇差があってはいけません。このとき、総合職、一般職、限定正社員などさまざまなタイプの正社員がある場合は、それらすべてのタイプとの間で不合理な待遇差があってはならないとされています。

## 待遇差についての説明義務

パートタイムおよび契約社員から、正社員との待遇差について説明を求められた場合は、比較対象となる通常の労働者（正社員）との待遇差の内容および理由を説明する義務があります。この説明の際には次の点に留意する必要があります（参考：「不合理な待遇差解消のための点検・検討マニュアル」厚生労働省）。

①比較対象となる通常の労働者（正社員）は、職務の内容、職務の内容・配置の変更の範囲が最も近いと事業主が判断する正社員
②待遇の違いについての説明は、単に「パートだから」「将来の役割期待が異なるため」という主観的・抽象的理由ではNG
③説明の方法は、パートタイムや契約社員がその内容を理解できるよう、資料を活用して口頭で説

明することが基本

### 不合理な待遇差とならないために

前掲の同一労働同一賃金ガイドラインでは、基本給、賞与、諸手当、福利厚生について具体的な事例を挙げて、「問題とならない例」および「問題となる例」を示し、不合理な待遇差となるか否かを明らかにしています。

また、同一労働同一賃金に関する多くの裁判例があり、情報は十分に揃っています。同一労働同一賃金の施行からすでに数年経過していますので、まだ対応が十分ではない会社はそれらを参考に自社の基準を定めなければなりません。

正社員・パートタイム・契約社員が混在する会社は、「それらに待遇差があるか」と「待遇差のある理由を合理的に説明できるか」を検討し、もし合理的に説明できないのであれば、それは同一労働同一賃金に違反している状態であることになりますので、対応を急ぐ必要があります。

## 5　無期転換の申込みは拒否できない

### 有期雇用労働者の無期転換の申込みとは

無期転換の申込みとは、有期雇用労働者が労働契約の更新により、契約期間を通算した期間が５

年を超える場合に、その時点の有期労働契約の契約期間内に、その契約期間満了の翌日から開始する無期雇用の契約締結を、労働者が使用者へ申込むことであり、このとき使用者はその申込みを承諾したものとみなす制度です。

無期転換の申込みが可能となるタイミングは、図表18のように契約期間により異なります。労働基準法では有期労働契約の期間について一般の場合は最長3年と定めていますが、この「契約期間3年」の場合ですと、更新1回で通算期間の5年超えが予定されることになり、1回目の更新した日以降いつでも無期転換の申込みができることになります。

なお、1つの契約期間終了後に一定の空白期間がある場合、その次の契約期間は通算されずにリセットされます（クーリングオフ）。

また、「高度な専門的知識等を有する有期雇用労働者」および「定年後引き続き雇用される有期雇用労働者」については有期であることによる雇用の安定が損なわれるおそれが低く、都道府県労働局長の認定を受けることで無期転換ルールを適用しないという特例があります。

## 無期転換の効果

従業員が無期転換の申込みをしますと、そのときの契約期間が満了する日の翌日から開始する無期労働契約が成立することになります。このとき、法令が求めているのは契約期間を無期として雇用を安定させることにありますので、契約期間以外の労働条件については、基本的に従前と同一と

【図表18　無期転換申込みのタイミング】

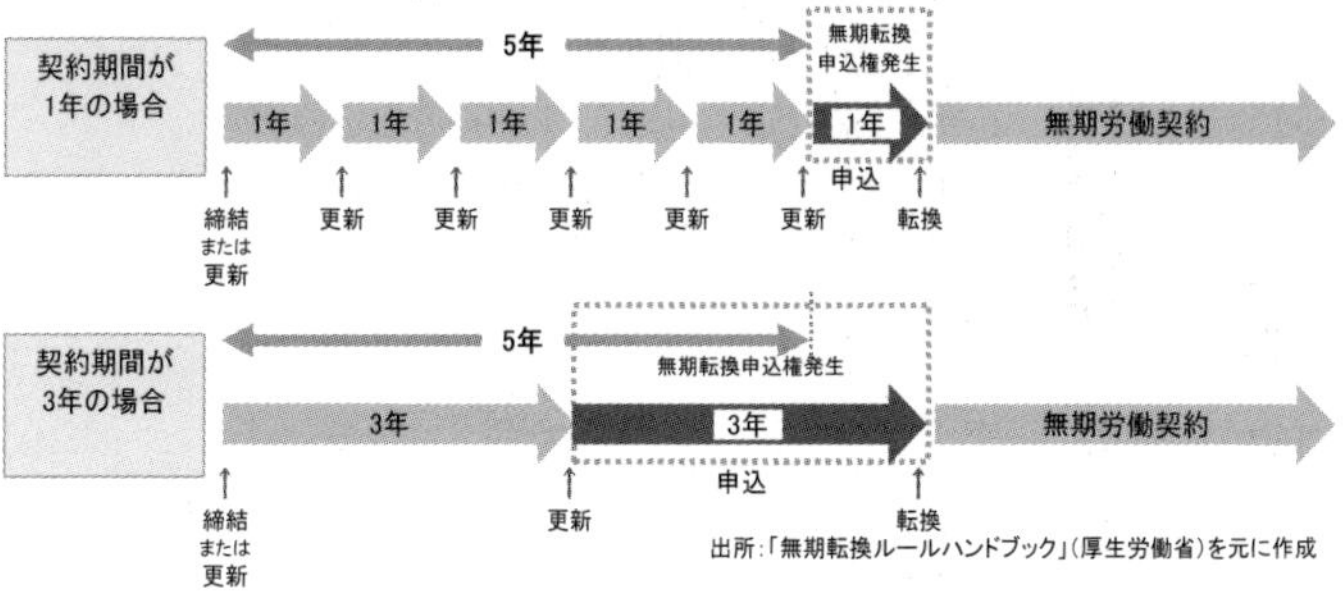


出所：「無期転換ルールハンドブック」（厚生労働省）を元に作成

することになります。

時給制で働くパートさんが無期転換したからといって、正社員と同じ月給制にしなければならないわけではありませんし、週３日勤務であれば週３日勤務のシフトのままで問題ありません。

もちろん、従業員との合意により労働条件を変更することも可能です。ただし、その場合、従前の労働条件より低下させることは望ましくないとされています。

## 「通算５年まで」という定めは有効か？

有期労働契約は、契約更新することを想定してはいるものの長期雇用を予定するものではなく、業績や景気等による影響が生じた際に労働量を調整する機能があります。

パートタイムや契約社員について有期契約としているのはこの調整機能を期待しているからでありますが、無期転換の申込みがあった場合には会社は承諾したとみなされ、肝心な雇用調整機能を失うことになります。

そうしたリスクへの対策として、「更新回数○回まで、通算期間5年以内」と上限を設けることがありますが、これは有効かという問題があります。

たとえば、最初の有期労働契約を締結する時点から上限の定めを設け、従業員がそれを理解し同意したうえで労働契約を締結しているのであれば、単にその定めに従って雇用関係が終了することになるだけであり問題はなさそうです。もちろん、上限を超える更新を期待させる言動や、同じ上限を設けた他の従業員に対し上限を超えて契約更新している事実がある場合などは注意しなければなりません。

一方、最初の有期労働契約においては上限の定めがなかった場合に、後の更新時に上限の定めを加えることが認められるか否かについて、会社が一方的に上限を定め、従業員がその更新契約の締結を選択せざるを得ない状況においては、真の意思による合意とは認められませんので、更新契約の内容に加えられた上限の定めの有効性には問題があることになります。

無期転換を避けるための雇止めは法の趣旨に照らして望ましいものではありませんので、従業員への説明と理解を得るための慎重な対応が必要となります。

## 6　情報漏洩　SNS時代の注意点

### 入社時には秘密保持に関して誓約させる

SNS（ソーシャルネットワーキングサービス）は、インターネット上で発言や写真・動画等を投稿することにより、知人友人に限らず不特定多数の人への発信や交流を可能にするコミュニケーションツールです。

昨今では、いわゆるバイトテロに代表されるように単なるウケ狙いであったとしても、投稿した本人の意思や目的に関係なく、ひとたび会社に対する〝炎上〟ともなれば業績に与える影響が大きく看過できる問題ではなくなっています。

企業が巻き込まれるＳＮＳによるトラブルは多種多様ですが、ここでは秘密情報漏洩についてみていきます。

会社が保持する秘密情報には、営業秘密、顧客情報、従業員の個人情報などのあらゆる情報が該当し、従業員を雇い入れる際には秘密保持を誓約させることになります。従業員には労働契約上の付随義務としての誠実義務があり秘密保持義務を負っていますし、就業規則にも秘密保持義務について定めていますが、あらためて誓約書を提出させることで秘密保持が義務づけられていることを従業員に意識させます。

また、中途採用者の場合は前職に対しても義務を負っていると考えられます。中途採用者は自身の経験やスキルを活かした転職をすることが自然であり、会社もその経験と能力に期待して採用することから、前職等の営業秘密を会社に持ち込まれる危険があります。

このとき、書類や記録媒体を持ち出していないことはもちろん、頭の中に記憶している前職の営業秘密についても会社の業務に利用することのないよう誓約させます。

## 秘密情報であることを認識させる以外に方法がありません

多くの企業で、さまざまなＳＮＳツールを利用して業務上の情報を発信しており、ＳＮＳ担当者を決めている場合もあれば、全従業員が投稿可能な日記などの形式としている場合もあります。ＳＮＳへの投稿については、いずれの場合も投稿内容は複数人によるチェックを行う必要があります。

会社が保有するさまざまな情報は、通常、第三者への開示を禁止すべき情報を区分し、かつ情報へ接する権限についても設定していますが、だからといってそれ以外の情報が無条件に公開可能であることにはならず、公開された場合の問題を予見するためには複数人によるチェック作業が必要となります。

従業員個人による私的なＳＮＳへの投稿について、基本的にはすべての企業情報が秘密であることを認識させる必要があります。人は誰でも承認欲求の性質がありますので、自社のスゴイ技術は披露したくなり、大きな取引をまとめれば嬉しくなり、有名人と関われば自慢したくなり、この承認欲求のため具体的な技術や会社名・個人名などのすべてが投稿への誘惑の対象となってきます。

ひとたび投稿されますと、たとえ閲覧者を知人に限定したものであったとしても拡散は避けられず、情報を完全に削除することはほぼ不可能となります。

会社の使用者責任を問われることも考えられますので、そもそも業務に関するすべてを私的なＳＮＳに投稿することのないよう、マニュアルや規程を作成・周知し、あわせて研修などを通じて厳重に通達するしかありません。

# 7　退職者が従業員を引き抜いた

## 引き抜き行為の違法性は

従業員には退職する自由があります。これは、退職を望むきっかけが転職の勧誘を受けたことであっても同様であり、その従業員を退職させずに引き止めるには限界があります。

ちなみに、転職の勧誘を受けるのは優秀な従業員であることが相場であり、会社としてはなんとしても引き止めたいがために、あの手この手で強引な方法をとりがちですが、間違っても、このとき懲戒や損害賠償請求をほのめかすような脅迫などをしてはいけません。今は、誰でもいつでも録音・録画できる時代ですから言動には気を付けましょう。

引き抜き行為を行う者に対しては、「従業員の引抜行為のうち単なる転職の勧誘に留まるものは違法とはいえず」（東京地判平３・２・25労判５８８号74頁）と示していますので、すなわち「ウチに来ないか。いい給料出すよ」などとフツーに行われる転職の勧誘については、それだけで問題とすることができるわけではありません。

ただ、これは裏を返せば、単なる普通の転職の勧誘に留まるものとはいえない場合であれば、違法性が認められる余地があることになり、「単なる転職の勧誘の域を超え、社会的相当性を逸脱して極めて背信的方法で行われた」（前掲東京地判）で違法性を認めています。

これは具体的には、在職中の幹部従業員が計画的に秘密裏に事を進め、自身が責任者を務める部署の約7割の者を一斉に自身の転職先へと引き抜いたケースでした。

## 退職者の競業避止義務について

現役の従業員については競業避止義務を負っていますので、在職中に競合他社への就職または役員に就任したり、あるいは競合する事業を自ら起業したりするなど、勤務先会社が得られるはずの利益を不当に侵害する行為が禁止されます。

一方、退職者との間の競業避止義務については、就業規則等に定めがあるだけでは足りず、退職時に、個別に競業避止に関して誓約させ競合他社への転職や競合する事業の起業について制限することになります。

ただ、一般に退職者は自身の経験やスキルを活かして同一業界内で再就職したり起業したりすることになりますので、職業選択の自由の保障などからも、個別の誓約をしたことで全面的にそれに退職者が拘束されることにはなりません。

退職者の競業避止義務の有効性については、会社の利益を守ることと退職者の再就職の自由とのバランスの問題であり、競業を禁止する期間や地域、在職時における営業秘密やノウハウへのアクセス権、役割やポジション、報酬や退職金などの代償措置その他の事情が総合的に判断されることになります。

# 8　犯罪行為を行った従業員への対応

## 社員旅行後いなくなった店長

あるハウスメーカーで、海外への社員旅行後に挨拶もなく突然会社を去った店長がいました。後に知った理由は、顧客のお金を着服したとのことでした。ハウスメーカーでは住宅の建築工事がメインの仕事であり、その他の付随する工事については、自社で請け負う場合もあれば顧客に施工業者を紹介してそちらへ発注してもらう場合もあり、そのハウスメーカーでは後者の方法をとっていました。

顧客からエクステリア工事の要望を受けたその店長は、施工業者の銀行口座ではなく自身の口座に工事代金を振り込ませたのです。いつまでも施工の打合せが始まらず、振込口座の名義が店長の個人名であったことを不審に思った顧客からの問合せで発覚しました。ちょうど社員旅行のタイミングであり、旅行参加していない国内居残り組による調査で全容が明らかになりました。よほどお金に困っていたのでしょうか、こんな雑な手口ではすぐにバレてしまいます。

その店長の処分はどのようなものであったか特に社内で公表されたわけではありませんので、自主退職なのか解雇なのか、解雇であれば普通解雇なのか懲戒によるものなのかわかりませんが、こうしたケースではどう対応すべきでしょうか。

## 犯罪行為者を一律に解雇できるとは限らない

従業員の非行に対しては、会社として何らかの制裁を与えたいところです。特に犯罪行為については、会社の名誉や社会的評価を低下させるものであり厳罰としたいところです。従業員の非行に対して懲戒処分を検討するとき、それが私生活上の非行なのか業務に関係する非行なのかに分けて考えることになります。

私生活上の非行について、従業員がその私生活において何をしているかは、基本的に会社とは関係ありませんので、私生活の範囲内の非行である場合には、会社の秩序に直接関連するか、会社の社会的評価を低下させるかのいずれかにおいて懲戒処分し得るとされています。

酔っぱらって他人の住居に侵入した製造業の工員に対する懲戒解雇について、会社における指導的地位ではなく会社の対面を著しく汚したとまでは当たらないとし、懲戒解雇を無効としてます（最3小判昭45・7・28民集24巻7号1220頁）。

一方、業務後に飲酒運転した運送会社のドライバー職にある者について、飲酒運転は会社の社会的評価を低下させる非行であり公私を問わず飲酒運転に対して懲戒解雇とする就業規則の定めを認め、それに基づいた懲戒解雇の処分を有効としています（東京地判平19・8・27労経速1985号3頁）。このように、私生活上の非行については、その非行の性質や情状、会社の事業内容等、従業員の地位や職種などを踏まえて処分することになります。

業務関連の非行について、冒頭の着服のエピソードや取引先からのリベートを受け会社に損害を与えたケースなど業務に関連した非行の場合では、懲戒処分の有効性がグッと上がります。このような会社に対する直接的な損害を与える企業内犯罪としては、窃盗、業務上横領、背任などが典型的なものとなります。

## 9　安全衛生に関する会社の義務を忘れずに

### 安全衛生教育

安全衛生教育の実施が義務であることを認識していない会社が見受けられます。こんなことを言うと「社労士がちゃんと指導していないからじゃないの」と当局からお叱りを受けそうですが、製造、運送、建設などの業種では必要な教育を適切に実施しているようですが、全員がデスクワークだけというような会社などではどうでしょう。

安全衛生教育は、労働安全衛生法により雇入時と作業内容の変更時に実施することが義務づけられており、その教育事項は次のとおりです。

①機械等、原材料等の危険性または有害性およびこれらの取扱い方法に関すること
②安全装置、有害物抑制装置または保護具の性能およびこれらの取扱い方法に関すること
③作業手順に関すること
④作業開始時の点検に関すること

⑤当該業務に関して発生するおそれのある疾病の原因および予防に関すること
⑥整理、整頓および清潔の保持に関すること
⑦事故時等における応急措置および退避に関すること
⑧①から⑦に掲げるもののほか、当該業務に関する安全または衛生のために必要な事項

①から④については、次の業種以外の業種で教育の実施を省略することができます。

林業、鉱業、建設業、運送業、清掃業、製造業、電気業、ガス業、熱供給業、水道業、通信業、各種商品卸売業、家具・建具・じゅう器等卸売業、各種商品小売業、家具・建具・じゅう器等小売業、燃料小売業、旅館業、ゴルフ場業、自動車整備業、機械修理業

たとえば、各種商品小売業とは普通のお店などが該当しますが、省略できる事項がありませんので、①から⑧のすべてについて教育を実施しなければなりません。従業員を雇い入れたとき、大手スーパーチェーンなどは当然実施しているのでしょうが、従業員数名の個人商店でも実施しなければならないということです。対象者は正社員に限らず、パートタイムやアルバイトなども含むすべての従業員に対して実施しなければなりません。

また、⑤から⑧の教育についてはすべての業種において実施しなければなりません。たとえば、全員がデスクワークだけの事務作業系の会社においても実施する必要があるということです。

⑤であれば、パソコン画面を注視することによる眼への影響、椅子に座り続けることによる腰への影響、適度な休息の必要などを従業員に教育する必要があります。どのような業種であっても、

職場内で転倒することもありますし、人が集まればさまざまな雑菌が持ち込まれます。安全衛生に関する教育をおろそかにしてはいけません。

## 衛生推進者を選任する義務

労働安全衛生法により、常時10人以上50人未満の従業員を使用する事業場では、安全衛生推進者を選任しなければなりません。そして、安全衛生教育の①から④を省略できる業種の事業場においては、衛生推進者を選任しなければなりません。

ですから、どのような業種の事業場であっても従業員数が常時10人以上となれば、少なくとも衛生推進者の選任が必要になるということです。また、安全衛生推進者も衛生推進者もその事業場に専属の者を選任しなければなりません。

安全衛生推進者の職務としては、危険または健康障害を防止するための措置に関することや安全または衛生のための教育の実施に関することなどとなります。衛生推進者については、そのうち衛生に関する部分を担うことになります。

選任できる者の要件は、「学歴プラス実務従事者」や「都道府県労働局長の登録機関が実施する講習修了者」となります。小規模の会社では、従業員の中に実務従事経験のある者がいることは稀ですので、その場合は講習受講を選択することになります。従業員数が常時10人となるようであれば、従業員を選び受講の準備を進める必要があります。

## 10　人事・労務トラブルを防ぎ良好な関係を

### 正しい知識と正しい運用が大事です

意識的になのか無意識になのか、職場の習慣が労務のルールを無視したものとなっている場合があります。そこで、休憩時間中の来客当番の事例（フィクション）を紹介します。

ある営業所で、昼休憩の時間に交代で来客や電話の対応をしようと、営業所員が皆で話し合って決めました。会社が営業所に強制したわけではなく、むしろ昼休憩の時間帯に営業所を空っぽにしないようにと、営業所員たちがよかれと思って自主的に決めたのです。

当番となる従業員は、いつでも来客や電話に対応できるように営業所内で昼食をとります。もっとも、来客や電話はそれほど多いわけではなく1件もない日もあるほどで、昼食をとることには問題ありません。そのような状況ということもあり、この習慣が営業所のルールとして長く続いていたのです。

このような待機時間が休憩時間とならないことは皆が知識として承知していましたが、特に気にすることもありませんでした。ところが、その営業所に新たに配属された従業員が、本社に苦情を言ったことで、その営業所の独自ルールが発覚したのです。営業所長は本社からお叱りを受け、告発した従業員は、悪いことをしたわけではないのに、気まずい思いをすることになったのです。

## 人事・労務トラブルを防ぎ良好な関係を

人事・労務に関するルール違反がありますと、たとえそれが些細な違反であったとしても、大きな問題の原因となります。事例では、実態としては昼食をとることに支障がなく、当番の者が休憩している状態とあまり違いがないと感じていたとしても、外出はできず労働から解放された時間ではありませんので、休憩時間ではなく労働時間だったということになります。

これは単に「休憩を与えていなかった」というだけではなく、賃金が発生することになります。しかも、その昼の時間帯が労働時間となることで1日8時間を超えることになれば、時間外割増も必要になります。そうして、会社は、過去にさかのぼって全員分の未払賃金を支払う羽目になるのです。

働き方改革が浸透したことにより、多くの人が労働関係のルールについて関心をもつようになりました。ひと昔前であれば、知りたい情報があったときは書店や図書館などで本や雑誌を探したものですが、インターネット環境の充実により、いつでも手軽に情報を入手することができるようになりましたので、専門家顔負けの知識をもつ従業員も多く、経営者や人事労務担当者はより正確な知識を備える必要に迫られています。

会社が正しいルールを設け、正しい運用を行っている限り、トラブルは発生しません。正確な知識と正確な運用で人事・労務トラブルを防ぎ、従業員との良好な関係を築いてくださることを期待します。

# おわりに

本書を最後までお読みいただいた方は、取り上げたテーマについて一定の知識を得ていただいたことと思います。

本書では、従業員とのトラブルに発展しそうな労務管理上のさまざまなテーマを取り上げて、各テーマの基本的な内容について解説し、さらにところどころ深く掘り下げることで、経営者や人事労務担当者、管理職の皆様に身に付けていただきたい人事・労務に関するルールを網羅しました。従業員とのトラブル回避は、正しい労務管理を行うことから始まります。それを強く意識して日々取り組んでいただきたいと思います。

いま、社会保険労務士として、主に「働き方改革」や「仕事と育児・介護の両立」などをライフワークと位置づけ、活動しています。

セミナーにおいては、仕事と介護の両立、ワーク・ライフ・バランス、同一労働同一賃金などのテーマを中心に喋らせていただいていますが、これらを通じて感じることは、受講される皆様が非常に熱心であるということです。これも働き方改革の効果の1つなのでしょう。正しい知識を得ることへの皆様の貪欲さが伺えるのです。

中小企業等への個別支援などでも、女性活躍推進、同一労働同一賃金など、中小企業等のさまざまなご相談に対応していますと、自社の課題に対して先頭に立って真剣に取り組んでいる経営者の皆様との数多くの出会いがあります。

本業である個人事務所の運営においては、おかげさまで多くの関与先に恵まれ、日々各社の相談等に対応し、さまざまな経験をさせていただき、多くの刺激を受けています。これら全ての経験が、本書を執筆するにあたり大いに役立ちました。

さまざまなご縁に恵まれまして、セルバ出版様から本書を出すことになり、ここまでご尽力賜りました森社長、イー・プランニングの須賀様、佐藤様に心より感謝申し上げます。

最後に、本書を執筆するにあたり惜しみない協力をしてくれた妻に、この紙面を借りて感謝の意を伝えたいと思います。

馬場　一成

2023年1月

## 著者略歴

**馬場　一成**（ばば　かずしげ）

ばば社労士事務所　ばば行政書士事務所　代表
特定社会保険労務士　行政書士　宅地建物取引士
東京都社会保険労務士会・東京都行政書士会所属
埼玉県出身　銀行、ハウスメーカー、住宅不動産会社を経て現職。
住宅業界では一貫して営業畑を歩み営業所長を務めるなど、常に営業の最前線にいた。
成果第一主義の過酷な職場環境の経験から、開業社会保険労務士として関与企業の労務管理に対応するかたわら、厚生労働省委託事業等において企業支援やセミナー登壇などの活動を行う。
＜兼職実績＞
女性活躍促進事業　女性活躍推進アドバイザー（厚生労働省委託事業）
働き方改革促進事業　講師・個別企業支援（東京都委託事業）
働き方改革推進支援事業　講師・個別企業支援（厚生労働省委託事業）
ほか多数



**従業員とのトラブル回避のため、**
**これだけは身につけたい労務のルール・基礎知識**

2023年２月27日　初版発行

**著　者**　馬場　一成 ©Kazushige Baba
**発行人**　森　　忠順
**発行所**　株式会社 セルバ出版
〒 113-0034
東京都文京区湯島１丁目12番６号 高関ビル５B
☎ 03（5812）1178　FAX 03（5812）1188
http://www.seluba.co.jp/
**発　売**　株式会社 三省堂書店／創英社
〒 101-0051
東京都千代田区神田神保町１丁目１番地
☎ 03（3291）2295　FAX 03（3292）7687



**印刷・製本**　株式会社丸井工文社

Printed in JAPAN
ISBN978-4-86367-797-5